Success15 fifteen

サクセス15
July 2016

7

http://success.waseda-ac.net/

CONTENTS

難関高校受験なら早稲田アカデミー

学大附
募集定員 335名
63名

お茶附
募集定員 約60名
35名

16年連続全国No.1
早慶高合格者数はついに1500名を突破しました!

7校定員合計約1610名

※No.1表記は2016年2月・3月当社調べ

慶應義塾
募集定員 約370名
282名

慶應湘南
募集定員 約50名
20名

立教新座
募集定員 98名
327名

豊島岡女子
募集定員 90名
75名

中大附属
募集定員 200名
82名

中大杉並
募集定員 300名
187名

中央大学
募集定員 120名
77名

渋谷幕張
募集定員 約55名
79名

西武文理	218
獨協埼玉	24
春日部共栄	30
東京農第一	69
東京農第三	20
成城学園	26
桜美林	53
江戸川取手	123
芝浦工大柏	39
開智	167
大宮開成	110
狭山ヶ丘	70
西武台	76
星野	73
武南	25
淑徳	199
淑徳巣鴨	126

順天	54
関東国際	34
実践学園	53
駒込	68
杉並学院	112
八王子学園	116
広尾学園	100
大東文化第一	20
拓殖第一	136
東京成徳大	24
東京電機大	10
郁文館	54
目黒学院	47
八千代松陰	66

その他多数合格

東京都立校

日比谷	81
西	52
戸山	46
八王子東	17
国立	49
青山	32
立川	31
新宿	34
国際	33
国分寺	38
三田	21
小山台	14
駒場	24

その他多数合格

埼玉県立校

浦和	34
浦和一女	16
大宮	18
川越	16
川越女子	25
春日部	15

その他多数合格

神奈川県立校

横浜翠嵐	13
湘南	6
柏陽	3
川和	3
厚木	9

その他多数合格

千葉県立校

千葉	21
船橋	30
東葛飾	17
千葉東	13
薬園台	8
佐倉	12

その他多数合格

茨城県立校

土浦第一	17
竹園	5

その他合格

お問い合わせ、お申し込みは早稲田アカデミー各校舎または
本部教務部 03（5954）1731 までお願いいたします。

高校入試 / 2016年 合格実績

開成
募集定員 100名

79名

慶應女子
募集定員 約100名

87名

筑駒
募集定員 約40名

20名

筑附
募集定員 80名(帰国6名程度含む)

48名

早実
募集定員 180名

176名

早大学院
募集定員 360名

271名

早大本庄
募集定員 約320名

400名

慶應志木
募集定員 約230名

272名

青山学院
募集定員 約180名

118名

ICU
募集定員 240名

78名

明大明治
募集定員 約100名

98名

明大中野
募集定員 約165名

122名

男子校

開成	79
筑駒	20
早大学院	271
慶應志木	272
慶應義塾	282
立教新座	327
城北	36
巣鴨	19
桐朋	35
本郷	38
成城	16
明大中野	122
日大豊山	46
城北埼玉	105
川越東	132
城西川越	26
鎌倉学園	11
佼成学園	30
明法	9

その他多数合格

女子校

慶應女子	87
お茶の水附属	35
豊島岡	75
法政大女子	19
日本女子大附属	20
日大豊山女子	7
淑徳与野	85
十文字	12
富士見丘	20
江戸川女子	95
国府台女子	12
文京学院女子	13
文化学園杉並	11
武蔵野女子	10
佼成学園女子	25

その他多数合格

共学校

学大附	63
筑附	48
早実	176
早大本庄	400
慶應湘南藤沢	20
青山学院	118
ICU	78
成蹊	28
渋幕	79
東邦大東邦	76
市川	153
昭和秀英	124
中大杉並	187
中大附属	82
中央大学	77
明大明治	98
明中八王子	58
明治学院	71
明学東村山	27
法政大学	50
法政第二	35
國學院	198
國學院久我山	34
日大第一	24
日大第二	58
日大第三	11
日大櫻丘	49
日大鶴ヶ丘	56
日本大学	20
日大習志野	152
日大明誠	21
千葉日大第一	46
土浦日大	81
専大附属	34
専大松戸	113
東海大高輪台	22
帝京大学	39
桐蔭学園	309
桐光学園	52
山手学院	14
青稜	33
錦城	123
栄東	287

●合格者数の集計について　合格者数は、早稲田アカデミー・国研・MYSTA・早稲田アカデミー個別進学館、及び早稲田アカデミーシンガポール校に、塾生として正規の入塾手続きを行ない、受験直前期まで継続的に在籍し、授業に参加した生徒のみを対象に集計しています。テストのみを受験した生徒、夏期合宿・正月特訓・その他選択講座のみを受講した生徒などは、一切含んでおりません。

information
ーインフォメーションー

早稲田アカデミー
各イベントのご紹介です。
お気軽にお問い合わせください。

中2・3 対象

日曜特訓講座

お申し込み受付中
お近くの早稲田アカデミー
各校舎までお気軽にどうぞ

一回合計５時間の「弱点単元集中特訓」！

難問として入試で問われることの多い“単元”は、なかなか得点できないものですが、その一方で解法やコツを会得してしまえば大きな武器になります。早稲田アカデミーの日曜特訓は、お子様の「本気」に応える、テーマ別集中特訓講座。選りすぐりの講師陣が、日曜日の合計５時間に及ぶ授業で「分かった！」という感動と自信を、そして揺るぎない得点力をお子様にお渡しいたします。

中２必勝ジュニア　中２対象

日程　5/15、6/26、7/10

「まだ中２だから……」なんて、本当にそれでいいのでしょうか。もし、君が高校入試で早慶など難関校に『絶対に合格したい！』と思っているならば、「本気の学習」に早く取り組んでいかなくてはいけません。大きな目標である『合格』を果たすには、言うまでもなく全国トップレベルの実力が必要となります。そして、その実力は、自らがそのレベルに挑戦し、自らが努力しながらつかみ取っていくべきものなのです。合格に必要なレベルを知り、トップレベルの問題に対応できるだけの柔軟な思考力を養うことが何よりも重要です。さあ、中２の今だからこそトライしていこう！

中３日曜特訓　中３対象

日程　6/12、7/10

受験学年となった今、求められるのは「どんな問題であっても、確実に得点できる実力」です。ところが、これまでに学習してきた範囲について100％大丈夫だと自信を持って答えられる人は、ほとんどいないのではないでしょうか。つまり、みなさんの誰もが弱点科目、単元を抱えて不安を感じているはずなのです。しかし、中３になると新しい単元の学習で精一杯になってしまって、なかなか弱点分野の克服にまで手が回らないことが多く、それをズルズルと引きずってしまうことによって、入試で失敗してしまうことが多いものです。真剣に入試を考え、本気で合格したいと思っているみなさんに、それは絶対に許されないこと！ならば、自分自身の現在の学力をしっかりと見極め、弱点科目や単元として絶対克服しなければならないことをまずは明確にしましょう。そしてこの「日曜特訓」で徹底学習して自信をつけましょう。

本部教務部 03（5954）1731 までお願いいたします。

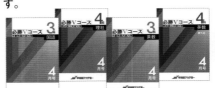

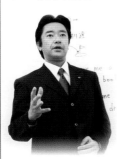

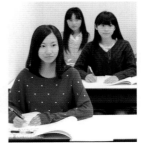

東大百景
トーダイってドーダイ!?

中高生時代に比べて自由が多い大学生活

VOL.4　text by ケン坊

気づけばもう6月もなかば。そろそろ夏本番ですね！　みなさんは夏と冬どっちが好きですか？　私は夏が好き、というか冬が苦手です。女の子みたいな理由ですが、冷え性なので冬場はつらいんです。

さて、前回は「勉強で大事なこと」という真面目な話をしたので、今回はもう少しフランクに、「中学・高校と大学の違い」について話そうと思います。

まずは授業についてです。中高生は月～金曜（もしくは土曜）の1～6時間目まで最初から決まった授業がギッシリと入っていますよね。これに対して大学生は、受ける授業を自分で自由に決めて時間割を作ることができます。

私や私の周りでは月～金曜、1～6時間目の30コマある枠のうち、大体13～14コマの授業を入れる人が多いです。どこに授業を入れてもいいので、例えば「平日も休みの日がほしいから水曜日は授業をゼロにしよう！」といったこともできます。

さらに、「卒業するまでに合計○個の授業の単位を取ればOK」といった感じなので、頑張って3年生までに卒業に必要な数の単位を取り終えてしまえば、4年生では1つも授業なし、ということもできてしまいます。ちなみに私もこの「4年生は授業なし」をめざしています。

ただし、これはあくまで私や私の周りの場合なので、大学や学部、学科によってシステムは異なります。

次にサークルについてです。これも中学・高校と大学の大きな違いの1つでしょう。大学にも、中学・高校と同じような部活動が存在し、私はその部活動の方に所属しています。しかし、大学ではサークルに所属する学生も多くいるんです。

サークルとは「超ゆるい部活動」のようなものです。スポーツをするサークルからみんなで集まってゲームをするサークル、ボランティアをするサークルなど多種多様なサークルが存在します。つまり「なんでもあり」なのです。活動日数も、そんなに多くなく、月に数回しか活動しないサークルもあります。また、顧問がいるわけではないので出席義務は基本的にありませんし、辞めたいと思ったらいつでも辞めることもできます。

そのほかにも、大学生になると遊び方も中高生のころとは少し変わってくるのですが、それはまたいつかお話しできたらいいですね。

今月のすごい東大生

みかんを愛するビジネスリーダー

せっかく上段でサークルの話をしたので、今回はその話にちなんで、「東大みかん愛好会」というサークルに所属するRくんを紹介します。

「東大みかん愛好会」。名前だけ見るとナニコレ!?　となりますが、「日本のみかんの消費量を増やす」という理念のもと、120人ものメンバーがさまざまな活動を精力的に行っているそうです。

昨年の東大の文化祭ではなんと愛媛県とコラボをして、あの有名なポンジュースが出てくる蛇口を設置していました。また、みかん愛好会の人たちはたまに東大の食堂で無料でみかんを配布してくれています。

そんなとてもユニークなサークルに所属しているRくんは、「こんなビジネスをしたら成功するんじゃないか」というアイデアを競いあう、ビジネスコンテストというものにも積極的に参加しています。先日はとあるビジネスコンテストで優勝し、日本代表としてイギリスまで赴き世界を相手に戦ってきたようです。おもしろいうえに頭もキレる、すごい東大生です！

役立つヒントがいっぱい！

作文・小論文の書き方講座

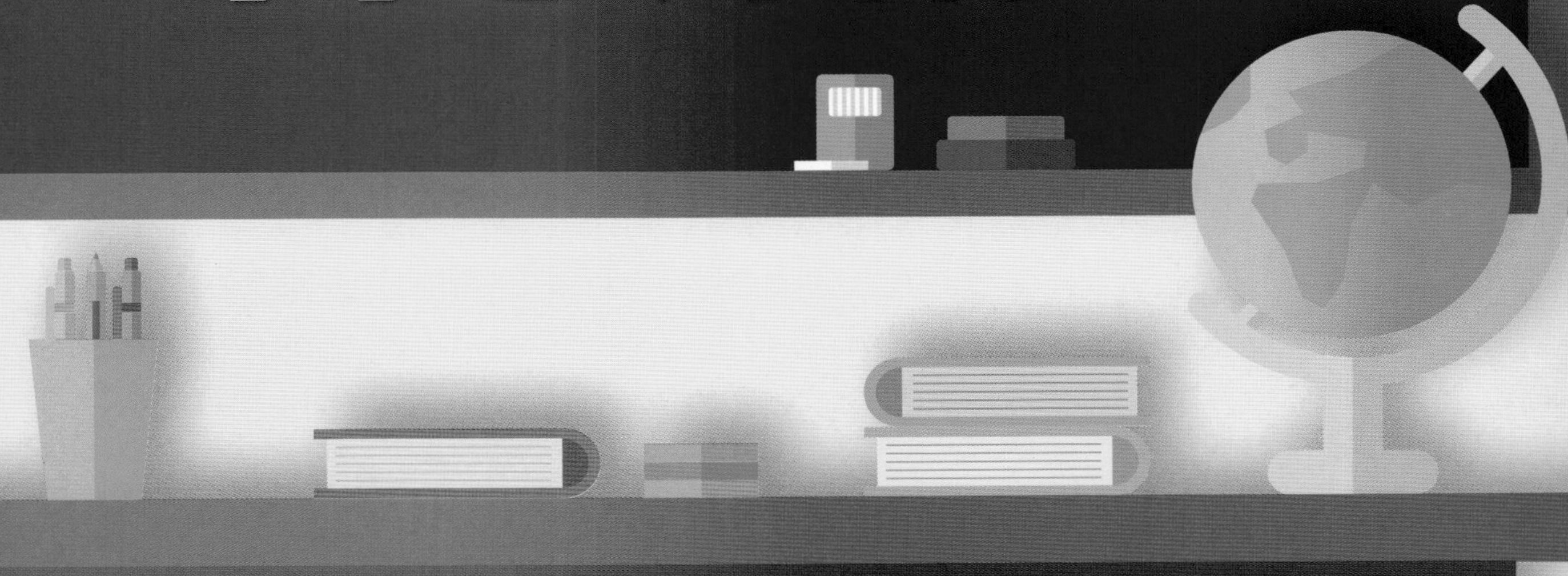

公立高校入試や私立高校入試では、作文や小論文の試験が課される場合があります。でも、志望校の入試にそれらの入試があったとしても、どう勉強していいかわからない人が多いのではないでしょうか？

そこで今回は、キラファ教育研究所代表の加藤まさを先生に、作文と小論文の勉強のコツを教えていただきました。基礎知識とともに、作文・小論文それぞれの解答例と解説も紹介しています。

受験を控えた中３のみなさんだけでなく、中１や中２のみなさんにとっても、普段の国語の授業などで活かせるポイントがありますので、ぜひ読んでみてくださいね。

加藤まさを先生プロフィール

キラファ教育研究所代表。教育コンサルティングを業務にしているが、とくに教育専門家や教育関係者の子弟からの相談に関わることが多い。受験作文・小論文指導の草分けとして知られている。

作文・小論文のキホンのキ！

まずは作文と小論文に関する基礎知識を学びましょう。それぞれの違いや、最低限守らなければならないポイント、いい文章を書くために押さえておきたいことなどをご紹介します。

作文と小論文

先日のこと、ゴールデンウィークが終わって、遊び疲れたような人たちで混雑する電車に乗っていたら、中学生とおぼしき男の子の会話が耳に入りました。

「小論文って、作文とは違うんだよね？」

「うん、先生が違うって言ってた。」

「どう違うの？」

「よくわかんなかった。」

「学校では小論文は教えてくれないっていうし…塾にでも行かないとだめかな。」

私は心のなかで『高校の推薦試験でも受けるのだろうなぁ。頑張れよ』と声援を送りました。

作文と小論文は、明確には区別できません。

数学や理科で用いる言葉のように、「この言葉の意味は、こうこうこのように決まっている」というわけではありません。

やや難しい言い方をすると、〝両者には厳密な定義は存在しない〟のです。

ただ、受験の世界では大体次のように区別されています。

◎作文…自分の個人的な経験や気持ちを思うままに書いた文。
◎小論文…自分の主張や判断を根拠をあげて述べた文。

それで、よい作文なら「筆者の気持ちがわかるなぁ」と思うでしょうし、優れた小論文なら「筆者の主張には納得するなぁ」と思うでしょう。

例えば、おもしろいコミックを読んだとします。

読み終えて、「主人公が海賊を退治したのが痛快だった。胸がすーっとした」と書けば作文で、「主人公が海賊を退治したのは、自分の力を誇るためであり、正義感からではない」と書けば小論文です。

実際には、作文とも小論文とも言いきれない文章が多いのですが、感情が軸になるのが作文で、思考が軸になるのが小論文といえるでしょう。

作文・小論文の最低線

作文も小論文も、どちらも〝文〟です。当然、日本語の正しい文でなければなりません。主語や述語が欠けているとか、あってもそれらがきちんと対応しあっていないとか、修飾語と非修飾語のつながりがわからないとか、そんな文しか書けないのは論外です。

また、楷書で書かれていないとか、句読点が正しく打たれずに、コンマやピリオドのように記されているとか、文字や記号が粗雑なものも低得点か0点になるでしょう。

「何字以内」という風に、文章の字数が決められている場合は、その制限字数ギリギリの長さで書きたいものです。せめて制限字数の9割以上の長さでなければ、文章力不足と判定されてしまうでしょう。

よい作文・優れた小論文

採点者、言い換えると高校の先生たちが「これはなかなかの文章だねえ」と評価するのは、なんといっても言葉です。

①熊本で大地震が起きて、多くの人たちが、地震の被害者になりました。

②熊本のひどい大地震は、被災者が多数という悲惨な結果になりました。

③熊本で最大震度7の地震が発生し、死傷者は1500人を超えました。

この①と②と③は、どれも32文字の文章です。①と②は、似たような言葉で書かれています。しかし、②は「ひどい」「悲惨な」という筆者の感情を表す言葉が2語、用いられています。そのぶん、筆者の気持ちが明確に現れています。

③はだいぶ①②と違っています。①の「大（地震）」、②の「ひどい大（地震）」に対して、③は「最大震度7（の地震）」という言葉です。

「大（きい）」とか「ひどい」というのは形容詞で、感情を表す言葉です。もちろん、ほとんどの人が（たぶん、すべての人が）、そのように「大きい」「ひどい」と思ったでしょうから、①も②も納得のいく文章です。一方、③は震度7という数値です。これは、気象庁が全国4300以上の場所に設置している震度計で計測された数値で、人間の身体で感じた数値ではありません。客観的な数値です。

また、①と②は「多くの人たち」「多数」ですが、③は「死傷者は1500人」とやはり数値を記しています。この方が具体的に地震の被害が甚大であるとすぐにわかります。

このように、数値はなんの感情も表わしていないようで、読む人はさまざまな気持ちになります。

例えば、死傷者が1500人以上もいるのなら、その人たちとかかわりの深い人たちは、その何倍、何十倍もいると、すぐに想像されます。地震が引き起こした悲しみがどれほどのものかと思ってしまいます。

「大きい」とか「ひどい」とか「悲しい」とか、そのような感情を表す言葉よりも、数値がもっと深い感情を表現できることもあります。

とくに小論文では、このような書き方は効果が高いでしょう。

逆の場合もあります。

④昨日までの気圧配置は一変して、今朝は1024ミリバールの太平洋高気圧に覆われている。

⑤昨日までの空模様とは違って、けさは雲1つない秋らしい青空が広がり、とても心地よい。

④も⑤も、同じ42文字の文です。④は、天候を数値で記しています。客観的です。それに対して、⑤は「秋らしい」とか「心地よい」という気持ちを述べる言葉で書かれています。どちらが、読む人の心にはっきりとしたイメージを描き出させるでしょうか。

もし、気象台で仕事をしている人が読めば、④の方がいいと言うかもしれません。そういう気候に豊富な知識を持っている人でないなら、大抵は⑤の方が情景を心に浮かべやすいでしょう。

このように、感情を直に表す言葉を使うか、客観的な言葉を用いるか、どちらも一長一短で、決めにくいのです。しいて言えば、作文は概して前者で、小論文は後者がふさわしいことが多いでしょう。

作文・小論文の練習

生来（＝生まれつき）の天才でない限り、文章力は書く回数と比例して向上します。「練習問題をほとんど解かないで、数学力をアップさせたい」というのは、ただの怠け者のむなしい空想です。

作文・小論文だって同じです。とにかく、書く練習をしましょう。

もっとも、やみくもに書いても徒労（＝ムダ骨折り）です。

やはりだれかに指導される方が力が伸びます。できるなら一対一での個人指導を受けるといいでしょう。

それに、受験する学校によって、出題の内容がかなり異なりますから、なによりもまず、受験する学校、入学したい学校を早く決めなければなりません。

そのうえで、過去問を調べたり手に入れたりして、どのような作文問題・小論文問題が出題されそうか、見当をつける必要があります。

作文・小論文は「これだけやれば、合格できる作文・小論文を書ける」などという方法はありません。

もしも、きみが高校入試に作文・小論文を必要としているなら、いますぐ準備に取りかからねば、失敗への道を進むことになりかねません。

入試作文の書き方

基礎知識を学んだあとは、実例をふまえながら
実際にどのように作文を書いていくかを見ていきましょう。

【問題】

例えば、「あの時勉強しておけばよかった」のように、「あの時（　）おけばよかった」の（　）の中に言葉をあてはめて題名にし、自分の経験を踏まえて六〇〇字以内で書きなさい。

慶應義塾女子高等学校（２０１６年度　一般入試）

【答案例】

題名　あの時（失敗して）おけばよかった

　あの時、私は十一歳で、北海道の田舎に暮らしていました。朝寝坊をした私は、あわてて家を飛び出しました。するといつものように、コロが軽くほえながら、私の後を追ってかけてきました。コロは首輪もつけずに、放しがいにしていた犬です。かなりの田舎だったので、犬がどこを走り回っていても、とがめる人などいませんでした。コロは、私が登校する時はいつもついてきて、後になったり

読む人の心をつかむ題名で合格点に一歩近づく

最初に題名を見て「お、この答案はおもしろそうだぞ」と読む人（＝採点者）が期待を抱くようなら、合格点に一歩近づくことができます。いわば、〝題名はキャッチコピー〟なのです。

「（　）おけばよかった」という題名から、（　）については、ほとんどの人がいい行動や立派な行為を考えつこうとするでしょう。それでも、もちろんいいのです。

しかし、作文はほかの教科と違います。ほかの教科の問題のように、正しい答えが1つあって、その正解を記した人が合格に近づく、というようなものではないのです。逆に、ほかの人たちと違っていなければならないのです（だから、本当は〝作文の模範解答〟などというものはありえません。〝作文の優秀答案〟はありうるのですが）。

だとすると、題名もほかの人たちとは異なる発想をする方がいいのです。なにしろ、題名は書かれる内容を最も短く述べるものだからです。

では、ほとんどの人がいい行動や立派な行為を考えるとすれば、それとは逆に誤った行動や失敗の経験を書くに限ります。それも、だれもがするようなミスではなく、一生、後悔するようなつらい経験がいいでしょう。

つまり、いい行動やうまくいった行為のせいで、かえって心の傷になるような経験です。【答案例】は、そのような作文をあげておきました。

先に立ったりしながら、校門の前で、「帰りなさい」と、私が追い立てていたのです。

　その朝は、いつもの道ではまちがいなく遅刻すると思ったので、思いきって初めて近道をすることにしました。近道といっても普通の道路ではなく、私の家と小学校の間をさえぎるように走っていた線路を横切るのです。危険すぎるので、普段から禁じられていました。しかし、その時の私には、とにかく遅刻はどんなことよりも許されないことでした。

　実際に、線路までやって来た時、向こうから警笛が聞こえてきました。一瞬、ためらって立ち止まると、列車はみるみるうちに近づいてきました。勇気を振りしぼって、列車の前を走り抜けました。成功でした。

　「ああ、うまくいった」とひどく嬉しくなった時、急ブレーキでもかけたのか、何かがきしむような大きな音が聞こえ、同時に悲鳴のようなかん高い鳴き声が聞こえました。

　これ以上はもう書けません。その時から、二度と動物を飼えなくなりました。

小説や随筆を読み疑似経験を積む

　内容のいい作文を書くには、やはりさまざまな経験を積む方がいいのは、言うまでもありません。といっても、まだ中学生では、さまざまな経験をしろというのは、無理な注文です。

　そのかわりに疑似経験を積むことをおすすめします。中学生や小学生が登場する小説を読むことによって、その登場人物たちが感じ、思い、考えることに共感し、同調することができます。そのとき、みなさんの心は、その登場人物の心とほぼ同じ経験を重ねているのです。

　いまからでも遅くありません。マンガやアニメもいいけれど、やはり文字だけで書かれている小説や随筆が一番なのです。なぜなら、いくらマンガを読んだりアニメを見たりしても、それらにどれほど感動したとしても、みなさんの言葉の力はそれほど向上しないからです。むしろ、絵に引き込まれて言葉の力が弱まるでしょう。

　ただ感動したいだけなのであれば、マンガやアニメも大いにいいでしょう。けれども、その感動した自分の心を、自分の心の感動を、ほかの多くの人たちに知ってほしいのならば、それを伝えるのに、最もいいのは言うまでもなく言葉なのです。

　そうでなければ、どうして高校入試に作文が課せられるのでしょうか。言葉が人間にとって最も優れたコミュニケーションの手段なのです。その能力、コミュニケーション力の高さを知りたいからこそ、高校入学試験に作文が課せられるのです。

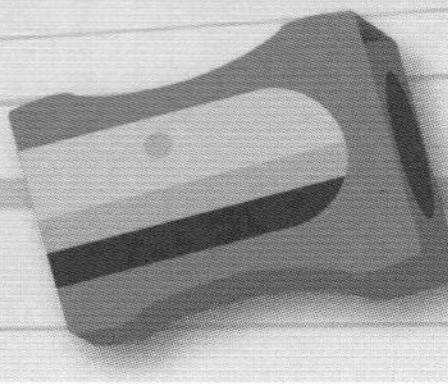

小論文の書き方

小論文は指定文字数が少量のため、2題掲載しています。作文との違いに注意しながら書き方を勉強していきましょう。

【問題1】

災害が起きたときに私たちが安全に避難したり防災設備を効果的に活用したりするためには、その地域に暮らす一人一人の心がけが大切です。そこで、日ごろの生活において、あなた自身が率先してやってみようと思うことと、あなたから地域の人たちに提案したいことを200字以内で書きなさい。

東京都立両国高等学校（2014年度　推薦入試　問2）

【答案例】

　災害発生の時に、最も重要なのは、その時そこにいる人たちの生命を守ることです。住んでいる人だけでなく、働きに来ている人や通過しようとしている人も含まれます。

　その中でとくに自分の生命を最も守りにくい人は、病人、身体障害者、老人、乳幼児です。それがだれで、どこで暮らしたり働いたりしているのか、それを曜日ごと、時間帯ごとに詳しく調べること、それは中学生の私でもその作業に加わって役に立てると思います。

論理的かつ具体的に

両国高の問題は、下町に所在する学校らしい、地域の連帯というテーマで出題されたものですね。「小論文は論理的に記述されなければならない」とよくいわれます。つまり理屈で書きなさいというのです。それは確かにそうなのですが、その根本には価値観という主観的なものがひそんでいるのです。

地域防災でいえば、災害とはなにかを考えると、結局のところそれは、人にとって災いであり、人を害するものです。では、人にとってなぜ災いであり、害かというと、それは人を傷つけるからです。人のなにを傷つけるのか、それは最大の価値である人間の生命でしょう。このように「生命が最も価値のあるものだ」というのは価値観です。

小論文は、出題された文章や図表の示すテーマについて、そのテーマはどういう価値観をふまえているのかを考えることが大切です。

また、小論文は論理的でなければいけないとはいえ、できるだけ具体的に書くことも大切です。災害で最も被害を受けるのはどういう人たちなのか、そういう人たちの被害を小さくするにはどうするといいのか、などというふうに考えを推し進めなければ、ただ自分の知っている知識を述べるだけの答案になってしまいます。

言いかえると、小論文で問われるのはほとんどが人間にかかわる事柄ですから、人と人の関係についての考え＝倫理観・道徳観が答案に現れてしまうのです。この答案を書いた生徒は高い倫理観

【問題２】　現在、地球温暖化は、昨年末にパリで気候変動枠組条約第21回締約国会議（COP21）が開催されたように、その解決のために多くの話し合いが持たれる重要な課題となっている。では、この課題を解決するためにはどうすればよいだろうか。あなたの考えを240字以上300字以内で述べよ。その際、①この課題が重要視される理由、②この課題の具体的な解決策、に触れること。

都立新宿（2016年度　推薦入試［2］）

【答案例】

　地球温暖化によって生じる最も恐ろしい結果は、海面の上昇ではないでしょうか。海面が1メートル上昇するだけでも、太平洋の島国家をはじめ、国土の消滅する国々が2けたもあります。日本も5メートルの上昇で、関東地方だけでも東京都・神奈川県・埼玉県・千葉県の中心部が水没します。

　COP21のような国際会議が何度も開催されて、温暖化問題の原因も解決策もわかっているはずなのに、その解決策を実行できないでいます。実行できない理由は、国同士の損得が異なっていて対立するからです。だとすれば、その対立をなくすことしか解決策はないのではないでしょうか。

を有しているな、と採点者が思うような、「温かい心がにじみ出ている答案」が歓迎されるのです。

「ありきたり」になりすぎない

　また、小論文で大切なのは、問いの指定です。

　新宿高の問題の場合でいえば、「この課題を解決するためにはどうすればよいか」という問いだけではなく、「この課題が重要視される理由」と「この課題の具体的な解決策」の2つを明記することです。

　そこで、【答案例】では、最初に「この課題（＝地球温暖化）が重要視される理由」を述べてあります。しかし、「具体的な解決策」については、ありきたりの解決策を提示しませんでした。

　解決策はさまざまにあり、それらは中学校の授業でも学んでいるでしょうし、ネットで検索すれば多くの案が引っかかります。

　そのうちの1つを答案に書き記せば、それはそれでいいのですが、それでは「ありきたりの答案」になってしまいます。小論文の答案は、ほかの答案と異なるものが評価されます。

　そこで、【答案例】では、《解決できない「解決案」は本当に解決案といえるのか》という根本的な疑問を記したわけです。

　いずれにしても、小論文の採点は、表記などの枝葉末節にこだわるのではなく、根幹である論の内容がどれだけ深いものであるかに大きく左右されます。だから、友だちとディスカッションをしたり、関連する本を多く読み、深く読むことが、小論文のトレーニングになります。

スポーツだけじゃない！

いろいろなオリンピック&甲子園

リオオリンピックを間近に控え、日本でもオリンピックムードが盛りあがってきている。甲子園という総称でおなじみの高校野球全国大会もあるし、今年の夏もスポーツから目が離せなさそうだね。でも、今回の特集はスポーツじゃない。じつは、「オリンピック」や「甲子園」と名前のつく大会はさまざまなものがあり、多くの中高生が青春を賭けて頑張っているんだ。どんな「オリンピック」や「甲子園」があるのかを知って、興味があればぜひ参加をめざしてみよう。

生物学の深みを感じ仲間との交流も生まれる

国際生物学オリンピック日本委員会副委員長
首都大学東京名誉教授
八杉《やすぎ》 貞雄《さだお》さん

公益財団法人日本科学技術振興財団・科学技術館
人材育成部 科学教育推進グループ 副主幹
桃井《もものい》 直美《なおみ》さん

日本生物学オリンピック（以下、生物学オリンピック）の昨年度の受験者数は、なんと3433名。そんな人気のある生物学オリンピックについて、八杉さんと桃井さんにお話を伺いました。

試験は、予選※（80名）→本選（15名）→代表選抜試験（4名、次点2名）の順で行われます。生物学の幅広い分野から出題され、予選はマークシート方式の試験、本選は3泊4日の合宿形式の実験試験、代表選抜試験は国際生物学オリンピック（以下、国際大会）の問題に準じた試験です。

国際大会とは、世界各国の高校生以下の若者が生物学の知識を競いあうもので、生物学オリンピックはその日本代表の選考も兼ねているのです。

「本選の会場は国内の大学で、試験内容は毎年異なりますが、遺伝子の抽出や動物などの解剖を行ったりするので、学校ではできないような実験ができて楽しいと参加者に好評です。また、日本代表に選ばれた生徒は、国際大会に向けて、大学で生物学を専門とする先生方から個人的に指導を受けられます。」（八杉さん）

「中学生には難しい問題も多いですが、昨年は96名の中学生が受験し、中3（現・高1）の生徒が1名、国際大会の代表選手に選ばれました。国際大会では、将来、ともに研究者となるかもしれない各国の生徒たちと交流できるので、大いに刺激を受けるでしょう」と桃井さんが話されるように、中学生も日本代表に選ばれる可能性があります。

自分の実力を試せるうえに、勝ち抜くと興味深い実験などにも挑戦できる生物学オリンピック。魅力はそれだけではなく「参加者にとって、試験で出会うほかの参加者や、大学の先生、大学生との語らいも楽しみの1つのようです。そうした交流でも生物学の深みを感じ、さらに勉強しようという気持ちが生まれるのでしょう」と桃井さん。

「生物学オリンピックは、ただ知識を問われるのではなく、現代の生物学における重要な問題も感じられると思います。中学生のみなさんが、学校で習う生物学の内容をより深く知りたいと思い自分で勉強する、そんな向上心を持ってもらえれば、生物学、そして日本の科学の発展に有効に作用するのではないかと期待しています。」（八杉さん）

日本生物学オリンピック

主　　催：国際生物学オリンピック日本委員会
応募資格：20歳未満（大学入学前）
予選日程：7月17日（日）
U R L：http://www.jbo-info.jp/

生物学のおもしろさや楽しさを伝え、青少年に生物学への深い興味を持ってもらうことを目的とする。問題は大学教養レベルの書籍『キャンベル生物学』が基準になるので難しいが、生物学が好きで自分の実力を知りたい人にはおすすめ。優秀な成績を修めると大学入試で優遇されることも。昨年度の大会では、筑波大附属駒場、市立横浜サイエンスフロンティアなどの生徒が受賞した。

※（　）内の数字はその試験での選抜者数

日本数学オリンピック

主　　催：公益財団法人 数学オリンピック財団
応募資格：大学教育（またはそれに相当する教育）を受けていない20歳未満の者
予選日程：1月9日（月祝）
U　R　L：http://www.imojp.org/

世界中の算数・数学好きの生徒のために、毎年7月に各国持ち回りで開催されている国際数学オリンピック。そこに参加するための代表を選ぶのが日本数学オリンピックだ。昨年度大会では、首都圏からは筑波大附属駒場、開成、芝浦工大柏、桐蔭学園中等教育学校の生徒が成績優秀者に選ばれている。また、中学生を対象とした日本ジュニア数学オリンピックもある。

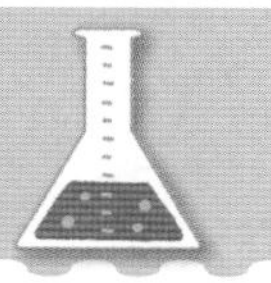

化学グランプリ

主　　催：「夢・化学-21」委員会、公益社団法人日本化学会
応募資格：20歳未満で高校および高等専門学校3年生以下の者
一次選考日程：7月18日（月祝）
U　R　L：http://gp.csj.jp/

化学グランプリは、化学の実力を競いあう場として、高校生以下を対象に開催されている。一次選考（マークシート式）ののち、成績優秀者約80名が二次選考（実験を伴う記述試験）へ進出。総合得点の上位5名に金・銀・銅賞が授与される。また、上位成績者は国際化学オリンピックの代表候補者に選ばれる。今年の国際大会代表6名のうちの1人は筑波大附属の生徒だ。

物理チャレンジ

主　　催：特定非営利活動法人 物理オリンピック日本委員会
応募資格：20歳未満で大学・短大または高等専門学校4・5年に在学していない者
第1チャレンジ日程：7月10日（日）
U　R　L：http://www.jpho.jp/

世界物理年（2005年）を記念して開催されて以降、毎年開かれている物理チャレンジは、「高校物理」をまだ学習していなくても挑戦でき、物理の楽しさやおもしろさに触れられる大会で、国際物理オリンピックの日本代表選考も兼ねている。昨年度大会では筑波大附属駒場、聖光学院、県立千葉、栄光学園、県立大宮、県立川越、本郷といった学校から成績優秀者が選出された。

日本地学オリンピック

主　　催：NPO法人地学オリンピック日本委員会
応募資格：中学生・高校生
予選日程：2015年12月20日（日）
U　R　L：http://jeso.jp/

他の科学オリンピックと同様に国際地学オリンピックの代表選考も兼ね、予選→本選→代表選考合宿と人数が絞られていく。問題はとてもユニークで、気象データから天気を予想したり、本選以降の実技試験では、岩石や鉱物の鑑定や望遠鏡を操作する天文実技試験などもある。自然と向きあう地学の魅力にあふれたオリンピックだ。8月の国際大会出場者には海城の生徒が選ばれている。

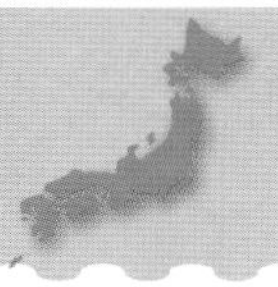

科学地理オリンピック

主　　催：国際地理オリンピック日本委員会
応募資格：19歳未満で高等教育機関入学前の者
第1次選抜日程：2016年1月9日（土）
U　R　L：http://japan-igeo.com/

「暗記力」ではなく「地理力」を競う、それが「科学地理オリンピック」だ。参加者から金・銀・銅メダルの受賞者が選ばれ、さらに金メダル受賞者のなかから、最終的に「国際地理オリンピック」出場者が決定される。昨年度は渋谷教育学園幕張、桐朋、筑波大附属、市立横浜サイエンスフロンティアなど、首都圏からも複数の学校から受賞者が出ており、なかには中学生も！

日本情報オリンピック

主　　催：特定非営利活動法人 情報オリンピック日本委員会
第16回応募資格：生年月日1997年4月2日以降で高校2年生以下の生徒
予選日程：12月11日（日）
U　R　L：https://www.ioi-jp.org/

コンピュータが得意な人に参加してほしいのがこちら。数理情報科学的な問題をプログラムを作ることによって解決する力を競う知の競技会だ。与えられた問題を、プログラムを作成して計算し出力するので、プログラミングの知識が必須となる。国際情報オリンピックの日本代表選手候補選抜も兼ねている（今年の代表は開成と筑波大附属駒場から2名ずつの計4名）。

2016年度の実施日程が5月25日現在未発表の場合は昨年度の日程を掲載。

野球以外にもある！ いろいろな甲子園

このページでは、野球以外で「甲子園」と名のつく大会をいくつか紹介するよ。

全国中学・高校ディベート選手権（ディベート甲子園）

主　　催：読売新聞社、全国教室ディベート連盟
参加資格：中学生・高校生
全国大会開催日程：8月6日(土)～8日(月)
U　R　L：http://nade.jp/koshien/

ある論題について賛成と反対に分かれて議論を交わす「ディベート」の力を競う。中学と高校で論題が異なるが、政治や社会問題が題材となることが多い。４名の選手が１チームとして戦い、地区大会を勝ち抜いたチームが集う全国大会は無料で観戦できる。今年の会場は立教大なので興味のある人は見に行ってみよう。過去の全国大会出場校は開成、慶應義塾高など。

写真甲子園（全国高等学校写真選手権大会）

主　　催：写真甲子園実行委員会
参加資格：高校生
本戦日程：7月26日(火)～29日(金)
U　R　L：http://syakou.jp/

今年で23回目を迎える写真甲子園は、写真部・サークルはもちろん、所属していなくても同じ学校の３人でチームを編成すれば参加できる。作品提出によるブロック別公開審査会を突破すると、本戦で代表18校が「写真の町」北海道上川郡東川町に一同に会して撮影し、日本一をめざすことになる。来年度からは大会の映画化が計画されていて、出演キャストの募集も行われている。

書道パフォーマンス甲子園（全国高等学校書道パフォーマンス選手権大会）

主　　催：書道パフォーマンス甲子園実行委員会
参加資格：高校生
本選開催日程：8月7日(日)
U　R　L：http://shodo-performance.jp/

音楽に合わせて動きながら12名の選手が協力して巨大な紙に書を書きあげていく「書道パフォーマンス」の大会。書道のデキだけでなく、パフォーマンスの完成度も求められるのが特徴。第３回から導入されたビデオ審査による予選を突破すると、愛媛県で行われる本選に出場可能。同大会をモデルにした映画公開も手伝って出場校は毎年増加、今年で第９回を迎える。

科学の甲子園

主　　催：科学技術振興機構
参加資格：高校生
全国大会開催日程：2016年3月18日(金)～3月21日(月祝)
U　R　L：http://koushien.jst.go.jp/koushien/

科学好きの人におすすめしたい甲子園。６～８名で１チームを結成し、理科・数学・情報分野の知識を問う筆記競技と、実験やものづくりを行う実技競技の得点を競う。都道府県大会→全国大会の流れで、昨年度の全国大会では渋谷教育学園幕張（第４位）、開智（第10位）などが好成績を修めている。中学生を対象とした「科学の甲子園ジュニア」も開催されている。

アプリ甲子園

主　　催：特株式会社D2C
参加資格：中学生・高校生・高等専門学校生
（※現在学校に在籍のない方や小学生以下も応募も可）
決勝大会日程：2015年10月25日(日)
U　R　L：https://www.applikoshien.jp/

プログラミング能力とともにクリエイティブな力が試されるスマートフォンアプリ開発コンテスト。操作性や技術点などからなる「実装力」と、独創性、デザイン性などからなる「企画力」を兼ね備えたアプリが評価される。一次、二次選考会を経て、昨年は開成や早大高等学院、渋谷教育学園幕張の生徒が決勝進出を果たした。応募は個人でもグループでも可。

2016年度の実施日程が5月25日現在未発表の場合は昨年度の日程を掲載。

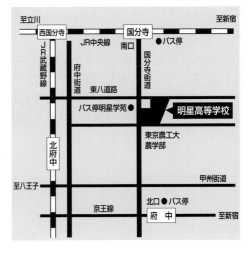

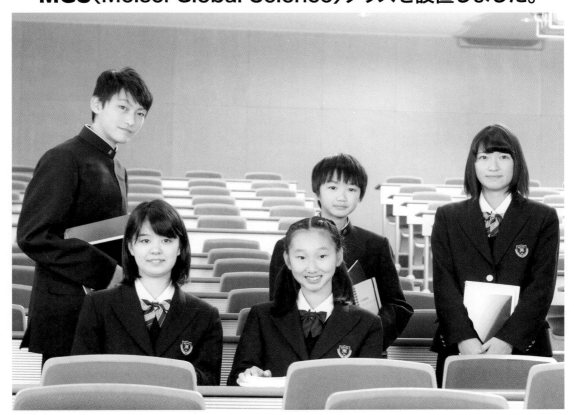

千葉県立千葉高等学校

Chiba Prefectural Chiba Senior High School

千葉県　千葉市　共学校

自主自律を重視する校風のもと幅広い教養を育む千葉の伝統校

2008年（平成20年）から併設型中高一貫教育校となり、内進生と外進生による新たな歴史が刻まれている千葉県立千葉高等学校。自主自律を掲げる校風のなかで生徒たちが個性を磨いています。質の高い授業が行われると同時に、「千葉高ノーベル賞」といった特色ある取り組みも展開されています。

鈴木《すずき》 政男《まさお》 校長先生

創立139年を迎える千葉県屈指の名門校

千葉県立千葉高等学校（以下、千葉高）は、創立より139年を迎えた伝統校です。その歴史は、1878年（明治11年）、千葉県師範学校校内に創立された千葉中学校が始まりです。1899年（明治32年）に現在地に移転。その後、校名の変遷や男女共学化を経て、2008年（平成20年）には千葉県立千葉中学校が開設され、併設型中高一貫教育校となりました。

キャンパスは、最寄駅から徒歩約10分というアクセスしやすい立地ながら、緑も多く自然に恵まれた環境にあります。2014年（平成26年）には新運動場が完成。校内には文武両道に励む生徒たちの姿があります。

千葉高では、「自主自律」の精神が教育の柱とされています。

鈴木政男校長先生は「本校では、与えられたことをこなすだけではなく、自ら考えて行動できる人物の育成を目標としています。そのため、あらゆる場面で生徒自らが主体的に考えて学校生活を過ごすように求めています。勉強はもちろん、部活動や学校行事も同様です。こうした本校の教育は、一見すると放任主義のように映るかもしれませんが、決してそうではなく、生徒1人ひとりの意志を尊重していることの現れなのです。

私は常日頃から生徒たちへ、目標を持って努力を継続する大切さを『The sky is the limit』という言葉とともに話しています。これは、〈限界は天高く、可能性は無限だ〉という意味があります。自主自律の精神を尊重する千葉高で、無限に広がる自分の可能性を信じて努力を継続できる人物を育てていきたいと考えています」と語られました。

学校施設

講堂

美術館

図書館

校門

校舎とは別に独立した建物として講堂や図書館があるなど、施設面も充実。4年間かけて行った校舎の耐震工事も今年終了し、安全な学習環境のなかで学ぶことができます。

教養を育むカリキュラム 密度の高い授業が第一

千葉高でのカリキュラムは、1・2年次が共通履修、そして3年次に選択科目が設けられ、文系クラスと理系クラスに分かれます。

「本校では、大学進学後、そしてその先の社会に出てから必要とされる一般教養の知識をしっかりと固めておきたいという考えからカリキュラムを作っています。

3年間で理科4科目と地歴・公民5科目をすべて履修しますし、文系と理系に分かれる3年次においても、例えば文系クラスでは学校設定科目である『解析基礎』の授業で数Ⅲの内容を学びます。このように、大学入試に特化したカリキュラムではない点が特徴といえます。

また、普段の授業がなによりも重要だと位置づけ、どの授業もかなり密度の高い内容となっています。

例えば英語では、予習が必須となる反転授業形式を取りながら、授業内ではグループワークなどのアクティブな活動をどんどん行っていきます。生徒たちがお互いに意見を交換しあう様子や、教員に質問をする光景は日常的に見られます。」（鈴木校長先生）

独自の研究活動 「千葉高ノーベル賞」

特色ある独自教育として欠かせないのが、「千葉高ノーベル賞」です。これは、2005年度（平成17年度）から総合学習の一環として行われてきた生徒による探究活動で、3年間かけて取り組みます。

まず、1年次に生徒1人ひとりが自分の研究テーマを見つけることから始まります。人文科学、社会科学、自然科学、スポーツ・芸術の4分野から興味関心を持ったテーマを探し、担当教諭の指導のもと、3年次まで調査研究が進められます。

優秀作品は全校生徒の前で発表を

行い、それを教員が審査し、分野ごとに一番優れた作品が「千葉高ノーベル賞」として表彰されます。受賞作品は論文としてまとめられ、『千葉高ノーベル賞論叢《ろんそう》』という冊子に掲載されます。

2015年度（平成27年度）は、人文科学分野「千葉高校構成員の『千葉高』をめぐる認識に対する諸考察」、社会科学分野「英語教育　初等での導入に対する提言」、自然科学分野「静止摩擦係数を変化させる要因とそれに対する考察」、スポーツ・芸術分野「ハイドンの四重奏曲の研究」が受賞しました。

『千葉高ノーベル賞』は、秋に実施される千秋祭（文化祭）でも発表の場が与えられ、近隣の住民や卒業生にも楽しみにされていました。昨年までの4年間は、校舎の耐震工事の影響で千秋祭の時期がずれたため、一般の方々へ向けて披露する機会を設けることができませんでしたが、工事が終わり、今年からは再び文化祭での発表を予定しています。」（鈴木校長先生）

4月の遠足は学年ごと 他の行事も充実

併設の千葉中学校から進学する内進生80名（男女各40名）と、高校入試を経た外進生とは、1年次からいっしょのクラス編成となります。

新入生同士の親睦をはかる機会となるのが、4月に各学年で行われる遠足です。かつて行われていた強歩大会を見直し、学年ごとに行き先を変える遠足となりました。1年生は横浜へバス旅行、2年生は鎌倉での班別行動、3年生は上野に集合し美術館や東大見学などを体験します。

そのほかにも、千秋祭や年に2回行われる体育大会、修学旅行、合唱コンクール、球技大会など行事も盛んです。部活動の加入率も高く、複数の部に所属している生徒も多いそうです。

生徒の未来を拓く 千葉高の進路教育

千葉高は、国公立大や難関私立大へ毎年すばらしい合格実績を出しています。

進路関係の取り組みは3年間を通して実施されます。卒業生や外部講師による講演会をはじめ、大学生による学部・学科説明会、大学教授が来校して実施する模擬講義、受験体験報告会などが用意されています。

また、千葉高の先生方が作成する

学校生活

化学の授業風景

地域との交流（敬老会での合唱披露）

地域との交流（敬老会でのダンス披露）

千葉高では、密度の高い授業が生徒の教養と学力をしっかりと育みます。一方、地域交流など社会とかかわる機会もあるなど、学校生活を通してさまざまなことを学ぶことができます。

行事

体育大会

千秋祭（文化祭）

入学式

行事にも全力投球の千葉高生。春と秋の年に2回行われる体育大会は、生徒による実行委員会の手で運営され、毎回大いに盛りあがります。千秋祭（文化祭）では、高3はどのクラスも演劇を発表する伝統があります。

校内実力テストや外部の全国模試は定期的に実施され、各人の進路選択に役立てられています。

「２０１６年（平成28年）の大学現役進学率は61・4%でした。これはとても高い数値だと思っています。本校の生徒は、普段の勉強をしっかりやっていれば、結果はついてくると思います。

進路指導については、成績や合格可能性を考慮して細かく指導するという形ではなく、生徒が将来やりたいことを見つけられることを第一に考えたキャリア教育を重視しています。

そうした取り組み以外でも、1・2年生を対象として夏休みに行う東大見学会や、授業のなかで東京医科歯科大や東邦大と連携したプログラムを実施するなど、普段から大学での学びや卒業後の進路を意識する機会があります。

2年生の修学旅行で京都を訪れた際は、本校を卒業した現役の京大生に、大学生活の話などをしてもらう企画も行っています。」（鈴木校長先生）

1人ひとりが伸びのびと個性を磨く千葉県立千葉高等学校。インタビューの最後に、どのような生徒さんに来てほしいのか鈴木校長先生に伺いました。

「自分で目標を立て、そこに向かって一生懸命努力をし続けることができる生徒に入ってきてもらいたいと思います。千葉高に入学しただけで安心せずに、そこからがスタートだと考えて努力してほしいですね。自分の勉強にしっかりと取り組み、大きく成長することを願っています。」（鈴木校長先生）

2015年度（平成27年度）大学合格実績（ ）内は既卒

大学名	合格者	大学名	合格者
国公立大学		私立大学	
北海道大	3(0)	早稲田大	146(60)
東北大	10(3)	慶應義塾大	71(31)
筑波大	13(4)	上智大	39(5)
千葉大	39(14)	東京理科大	88(47)
お茶の水女子大	4(2)	青山学院大	21(3)
東京大	32(14)	中央大	38(17)
東京医科歯科大	1(0)	法政大	48(12)
東京外国語大	1(0)	明治大	81(24)
東京学芸大	1(0)	立教大	34(6)
東京工業大	15(2)	国際基督教大	3(0)
一橋大	8(2)	学習院大	11(1)
京都大	14(7)	北里大	9(6)
その他国公立大	34(22)	その他私立大	150(55)
計	175(70)	計	739(267)

School Data

所在地　千葉県千葉市中央区葛城1-5-2

アクセス　JR外房線・内房線「本千葉駅」・千葉都市モノレール「県庁前駅」徒歩10分

生徒数　男子562名、女子409名

TEL　043-227-7434

URL　http://www.chiba-c.ed.jp/chiba-h/

3学期制　週5日制

月・木6時限　火・水・金7時限（高3のみ金曜は6時限）

50分授業　1学年8クラス

1クラス約40名

School Navi No.233

東京都　武蔵野市　女子校

藤村女子《ふじむらじょし》高等学校

School Data

所在地	東京都武蔵野市吉祥寺本町2-16-3
生徒数	女子のみ365名
TEL	0422-22-1266
URL	http://www.fujimura.ac.jp/
アクセス	JR中央線・京王井の頭線「吉祥寺駅」徒歩５分

光り輝くものを見つける3年間

藤村女子高等学校（以下、藤村女子）は、1932年（昭和7年）、藤村トヨ先生によって設立されました。建学の精神である「女子の心身の育成と徹底した徳性の涵養《かんよう》」を大切に、生徒の個性を活かし、1人ひとりが高校3年間でだれにも負けない光り輝くものを見つけられるよう、教育を展開しています。

学力向上とともに豊かな人間形成をめざす

藤村女子では、自ら考え行動できる「考動力」を身につけることを目標に、日々の指導が行われています。

1年次から「S特コース」「特進コース」「進学コース」「総合コース」「スポーツ科学特進コース」「スポーツ科学コース」の6つに分かれ、進路に合わせて学んでいきます。

コース内のプログラムの一例をご紹介すると「S特コース」「特進コース」「進学コース」「総合コース」では、国際教育としてオーストラリア修学旅行が実施されます。世界遺産の見学、動物の観察、大学生との交流など盛りだくさんの内容です。

「スポーツ科学特進コース」「スポーツ科学コース」では、コース独自の「沖縄スクーバダイビング実習」「北海道スキー実習」が行われ、そのスポーツに関する知識を学ぶとともに、技術も磨いていきます。

学習のサポート体制もしっかりと整えられており、放課後や夏休みには、大学受験に向けた講座が多数開かれます。ほかにも教員と東大生のチューターに質問できる学習センターが設置されているのも魅力です。

そして、藤村女子では、学力を伸ばすと同時に、豊かな人間性を育むことも大切にされており、生徒はボランティア活動やクラブ活動に積極的に取り組んでいます。

ボランティア活動には、地域の子どもたちへの読み聞かせといった地域に根ざしたものから、カンボジアへ井戸を寄贈するなど、国際的な活動まであります。ボランティアを通じて、生徒は社会や世界のために、自分になにができるのかを考えられるように成長していくのです。

クラブ活動では、新体操部やソフトボール部などの運動部、囲碁部や華道部などの文化部、どちらも活発に活動しており、全国レベルの大会に出場している部もあります。

知・徳・体のバランスのとれた教育で、生徒を輝く未来へ送り出す藤村女子高等学校です。

School Navi No.234

東京都　八王子市　共学校

帝京大学《ていきょうだいがく》高等学校

School Data

所在地　東京都八王子市越野322
生徒数　男子325名、女子245名
TEL　042-676-9511
URL　http://www.teikyo-u.ed.jp/
アクセス　小田急線・京王線・多摩都市モノレール「多摩センター駅」、JR中央線「豊田駅」スクールバス

緑あふれる環境と教員との距離の近さが魅力

帝京大学高等学校（以下、帝京大高）の校舎は、自然豊かな多摩丘陵の一角にあります。建学の精神は「努力をすべての基とし、偏見を排し、幅広い知識を身につけ、国際的視野に立って判断できる人材を育成する」です。

生徒と教員の二人三脚で希望進路の実現をめざす

1年次は、Ⅰ類・Ⅱ類の2クラス編成で、個々の理解度に合わせた学習を展開していきます。2年次からは希望進路別に東大・難関国立コース（文系・理系）、早慶・国公立コース（文系・理系）に分かれ、志望大の合格をめざします。

帝京大高の教育の特徴は、1学年5クラス、1クラス約30名という、ほどよい規模を保つことで、生徒1人ひとりに目を配った、きめ細かな教育を実践している点です。

個別面談や個別補習を実施するのはもちろんのこと、生徒が個人で行った自主学習についても丁寧に添削します。また、教員は日ごろから生徒に積極的にかかわったり、気軽に質問できる環境作りを心がけたりと、生徒との信頼関係を築くことを大切にしています。その信頼関係のもと、生徒と教員が二人三脚で進路の実現に向けて歩んでいきます。

夏休みに行われる夏期講習も充実しています。２０１５年度（平成27年度）1年次用の講座は国語・数学・英語の3教科で26講座、2年次用は3教科に理科と地歴を加えた5教科で35講座です。そして、3年次用の講座は夏休み中ほぼ毎日開講されており、講座数では90、時間数に換算すると約６７０時間ぶんにもなります。生徒はこれらの講座のなかから好きな講座を好きなだけ選択することができます。

部活動や学校行事が盛んなのも帝京大高の特色です。部活動は中国拳法部、南米音楽部、マジック部など、他校ではあまり見られない珍しい部もあり、運動部・文化部のほか、多数の同好会も存在しています。

学校行事は、邂逅《かいこう》祭（文化祭）や体育大会をはじめ、芸術鑑賞や映画鑑賞会など芸術と親しむイベントもあります。世界を知る機会としては、ベトナムへの修学旅行や、ニュージーランドへの語学研修旅行（希望者対象）が用意されています。

帝京大学高等学校は周囲を木々に囲まれた爽やかな雰囲気のなかで、伸びのびと成長できる学校です。

東京都　公立　共学校

東京都立 白《はく》鷗《おう》高等学校

TOKYO METROPOLITAN HAKUO SENIOR HIGH SCHOOL

FOCUS ON

リーダーとして活躍できる チャレンジ精神あふれる生徒を育成

都立高校で初の中高一貫教育校（併設型）としてスタートし、教育界に新たな歴史を刻んできた東京都立白鷗高等学校。確かな学力を育成することに力を注ぎ、日々の学習を重要視する一方で、日本の伝統文化理解教育や国際理解教育など、特色ある取り組みも大切にしています。

善本《よしもと》 久子《ひさこ》 校長先生

School Data

所在地
東京都台東区元浅草1-6-22

アクセス
都営大江戸線・つくばエクスプレス「新御徒町駅」徒歩5分、地下鉄銀座線「稲荷町駅」徒歩7分

TEL
03-3843-5678

生徒数
男子336名、女子364名

URL
http://hakuo.ed.jp/web/

- ３学期制　週５日制
- 月・水・木曜6時限、火・金曜一部7時限、土曜4時限（年20回）
- １時限50分
- １学年６クラス
- １クラス40名

創立120年を超える教育のパイオニア校

東京都立白鷗高等学校（以下、白鷗）の歴史は1888年（明治21年）に東京初の府立高等女学校として開校されたところから始まります。その後、1900年（明治33年）に東京府立第一高等女学校と改称され現在地に移転、1948年（昭和23年）に男女共学化し、現在の校名になりました。2005年（平成17年）には都立初の中高一貫教育校（併設型）として附属中学校が開校しました。

白鷗の教育理念には「開拓精神」が掲げられ、「確かな学力の育成」を基本としながら「日本の伝統文化理解教育」「国際理解教育」を推進し「世界で活躍するリーダーの育成」がめざされています。

善本久子校長先生は「本校は、東京初の府立高等女学校であり、都立初の中高一貫教育校です。教育理念『開拓精神』が表すように、まさに教育界のパイオニアであり続けていると感じています。

教育理念に関連して、生徒には、未知なるものをおもしろいと思いなさいと話しています。未知なるものに対して怖いという気持ちを抱くこともあるでしょう。しかし、パイオニアというのはだれも経験してこなかった未知なるものに挑戦していく存在です。知らないものを知りたいと思ったり、自分と異なる世界をおもしろいと感じたりすることが学びの原点ですから、その気持ちを大切にしてほしいのです」と語られます。

白鷗は東京都教育委員会が今年発表した「都立高校改革推進計画　新実施計画」の「国際色豊かな学校の拡充」項目において、「日本人としてのアイデンティティーの育成や英語教育などに重点を置いたさらなる展開を図る」学校として指定されました。こうした取り組みを行う学校はほかにも指定されましたが、白鷗は他校に先駆けて改革を進めることが決まっており、またしてもパイオニアとして先頭を切っていくことになります。

受け継がれる合言葉「辞書は友達、予習は命」

中入生と高入生は高1は別クラス、高2からいっしょになります。「中入生は先取り学習をしているので、高入生には1年間で進度差を埋めてもらいます。

また、中入生と高入生の割合は2対1になるため、高入生は人間関係に関して不安を抱きがちです。そう

した不安を払拭して、気兼ねなく学校になじんでもらうためにも、まずは高入生だけでクラスを編成し、気楽に過ごせるようにしています。

高1の4月には中入生と高入生の垣根をなくし、親睦を図ることを目的としたホームルーム合宿を2泊3日で行っています。うまくなじめる

部活動

吹奏楽部

長唄三味線部

百人一首部

和太鼓部

日本の伝統文化理解教育にも力を入れる白鷗では、和太鼓部や長唄三味線部など、伝統芸能にまつわる部も存在します。和太鼓部の写真は、台東区にある合羽橋道具街のイベントで演奏しているときの様子です。

か心配そうな顔をしていた高入生も、中入生とすぐに打ち解けて仲間になっています。」（善本校長先生）

カリキュラムは高1は共通履修、高2から文系・理系クラスに分かれます。日々の学習は授業が第一とされ、「辞書は友達、予習は命」という合言葉が長年にわたって受け継がれています。合言葉について善本校長先生は「本校の授業は進度が速いので予習が不可欠です。友だちのように辞書に親しみ、予習の際つねに手元において引くようにしようということを意味しているのでしょう。

しかし、自学自習一辺倒の指導をしているわけではありません。面倒見のいい教員が大勢いますし、補習や講習などのシステムも整っているので、1人ひとりに対するフォローは行き届いています。

また、校内には広い自習スペースがいくつもあり、早朝や放課後に、生徒たちが熱心に学習したり、教員に質問したりしている姿が見られます。そうした姿から、自学自習の姿勢が自然と身についていることがわかります」と話されます。

春・夏・冬休み中も自学自習の姿勢を崩さないようにするため、高1・高2に対しては、休み中に出された宿題の成果を学期初めに確認する「宿題テスト」を実施しています。受験学年である高3は、宿題テストの代わりに模擬試験を行います。

学校生活

人間と社会（浅草流鏑馬）

授業風景

「辞書は友達、予習は命」という合い言葉のもと、どの教科でも真剣に授業に取り組んでいます。また、「人間と社会」の授業の一環として、地域の伝統行事「浅草流鏑馬」や「鳥越祭」に参加するなど、地域とのかかわりも大切にしています。

勉強合宿

日本文化概論（茶道）

人間と社会（鳥越祭）

2つの特色ある授業「PIE」と「日本文化概論」

白鷗では高2生向けに2つの特色ある授業が設けられています。

1つは「PIE（プレゼンテーション・イン・イングリッシュ）」です。これは英語を使って、自分の意見や考えを表明していく能力を高めるための授業です。

もう1つは日本の伝統文化理解教育のための「日本文化概論」です。学期ごとに将棋・囲碁・茶道・華道・書道・日本音楽史のなかからいくつかを体験します。将棋や囲碁はプロ棋士、茶道や華道、書道は外部の専門家からの指導を受けられます。

そのほかの特色ある取り組みとして、高2向けの夏休みの勉強合宿（4泊5日）があげられます。自学自習を基本とした朝から晩まで勉強漬けの合宿で、教員による集中講義も行われます。希望制ですが、毎年100名以上が参加しています。夏休みには夏期講習も実施されます。100講座以上のなかから、希望する講座を選ぶ形で、昨年はのべ約7000名の生徒が受講したそうです。

　国際理解教育としては、中3・高1の希望者を対象にしたオーストラリアへの海外短期留学（2週間）が用意されています。ホームステイをしながら、現地校で英語の授業を受けたり、現地の学生とともに通常の授業へも参加します。

　高2での海外修学旅行も魅力的です。行き先は昨年から台湾へと変更になり、海外地域学習のほか現地の学校との交流プログラムも行います。

計画的に進める進路指導 新たに校長面接も実施

　進路進学指導は、高校3年間で計画的に行われています。今年度から都立高校では、高1で道徳教育とキャリア教育の一体化を図った新教科「人間と社会」が設置されました。白鷗でもこの教科を軸としながら、高1から自分の将来を考えさせる機会をつくっていきます。

　そして高2からは、大学教授による出張講義や卒業生による進路懇談会を実施。模試の結果分析などをもとにしながら、担任による生徒や保護者との個人面談・三者面談を行い、それらを通じて1人ひとりにきめ細かく対応していきます。

　今春の卒業生は、高入生と中入生がほぼ同じ比率で国公立大に合格しているのも特徴的です。これは高入生、中入生にかかわらず全員の希望をかなえるための支援体制が整っていることの現れでしょう。

海外短期留学

体育祭

行事

白鷗祭

修学旅行

合唱コンクール

　白鷗祭（文化祭）は各クラスごとに飲食店、お化け屋敷、クイズ迷路、映画など、多彩な企画を立ちあげるほか、各部活動でも演奏会や展示、部活動体験などを行っています。体育祭は中高別、合唱コンクールは中高合同での実施です。希望者向けの海外短期留学や、台湾への海外修学旅行も魅力です。

　さらに今年度からは、「生徒たちを後押ししたい」という気持ちから、善本校長先生による高3生全員との校長面接も行われる予定です。

　独自の取り組みを行いながら、教育界のパイオニア校として歴史を刻んできた東京都立白鷗高等学校。最後に求める生徒像について善本校長先生は、「知的好奇心にあふれている人、他者を思いやることができる人。そして、自分のなかに核となるものをしっかり持っていて、臆することなく世界に羽ばたいていけるチャレンジ精神のある人。そういう生徒を待っています」と話されました。

2016年度(平成28年度)大学合格実績 ( )内は既卒

大学名	合格者	大学名	合格者
国公立大学		私立大学	
筑波大	7(1)	早稲田大	51(3)
埼玉大	4(0)	慶應義塾大	16(1)
千葉大	8(0)	上智大	21(0)
お茶の水女子大	2(0)	東京理科大	27(4)
東京大	5(0)	青山学院大	12(3)
東京外国語大	3(0)	中央大	13(1)
東京学芸大	1(0)	法政大	44(10)
東京海洋大	2(0)	明治大	49(3)
一橋大	1(0)	立教大	43(3)
横浜国立大	2(1)	学習院大	16(2)
横浜市立大	3(2)	国際基督教大	3(0)
首都大東京	3(0)	北里大	13(4)
その他国公立大	11(3)	その他私立大	345(27)
計	52(7)	計	653(61)

明暗を分けるケアレスミス いまからできる対策とは

5月号、6月号では、受験勉強を始める前にしておくべきこととして、「基礎学力を見直すこと」「勉強のやり方を学ぶこと」についてお話ししました。今回は、それらに続く3つ目のポイントとして、「ケアレスミス対策をすること」についてお話しします。

和田式教育的指導

「見直す」「気をつける」は最適な対策とはいえない

受験するにあたっては、どんなに勉強ができるようになっても、本番で点数が取れなければ意味がありません。そこで、試験結果の明暗を分ける重要なポイントとなるのは、ケアレスミスの有無です。同じ高校を、同じくらいの学力の受験生が受けた場合、当然ながらケアレスミスをしない方が受かりやすく、する方が受かりにくいといえます。

ケアレスミスの対策、というと世間一般では、「見直しをしなさい」「気をつけなさい」といったことがいわれます。ところが、これらはいずれも最適な対策とはいえません。

まず、「見直す」ことは、確かに対策の1つにはなります。とはいえ、それはテスト中に見直しをするための時間的余裕があることが前提です。例えば、60分のテストを45分で解き終えられる人は、見直しに15分使えます。ところが、60分ギリギリまでかかる人は、見直しをする時間そのものがありません。つまり、見直しをするには、問題を解くスピードをあげなくてはならないのです。

また、仮に見直す時間があったとしても、ただ解答を目でなぞるだけではミスにほぼ気づけません。問題をもう一度解き直すくらいでなければ、有効な対策であるとはいえないのです。

一方、「気をつける」というのは、あまりにも当たり前すぎること。試験本番中に気をつけていない受験生などほとんどいないわけですから、私から言わせてもらえば、対策としてあげることさえおかしいと思ってしまいます。

自分がしやすいミスを知ることから始めよう

事前にできる、最適なケアレスミス対策があります。それは、自分がミスをしやすいパターンを把握し、1つひとつ潰していくというやり方です。

数学の問題を例にあげて説明しましょう。例えば、冒頭に「Aは自然数である」と書かれた文章問題を解き、「$A^2-4=0$」という式が導き出せたとします。そうすると、答えは「2」もしくは「-2」

和田秀樹

1960年大阪府生まれ。東京大学医学部卒、東京大学医学部附属病院精神神経科助手、アメリカのカールメニンガー精神医学校国際フェローを経て、現在は川崎幸病院精神科顧問、国際医療福祉大学大学院教授、緑鐵受験指導ゼミナール代表を務める。心理学を児童教育、受験教育に活用し、独自の理論と実践で知られる。著書には『和田式　勉強のやる気をつくる本』（学研教育出版）『中学生の正しい勉強法』（瀬谷出版）『［改訂新版］学校に頼らない和田式・中高一貫カリキュラム』（新評論）など多数。初監督作品の映画「受験のシンデレラ」がモナコ国際映画祭グランプリ受賞。

Hideki Wada

となるわけですが、冒頭に書かれていたことを覚えていれば、「2」と解答できるはずです。ところが、それを忘れていると、間違える可能性があります。

こうしたミスをしてしまう場合は、以後、冒頭に書かれた内容を、あらかじめ回答欄の近くに書いておくようにすればいいのです。そうすれば、ミスを減らすことができます。

「ミス反省ノート」を作成するのもおすすめです。模擬試験、中間試験、期末試験などを受けるたび、ミスした内容をこのノートに記録します。自分がよくしてしまうミスのパターンもわかりますし、「同じミスをしないようにしよう」という意識づけができるはずです。

これらのミス対策は、習慣化しなくては意味がありません。ですから、早い時期から始めておく必要があります。入試本番ギリギリになって焦ることのないよう、いまからミス対策を心がけてみてはいかがでしょうか。

和田先生のお悩み解決アドバイス

QUESTION

同じ志望校の友人をライバル視してしまう

ANSWER

互いを高めるためならライバル視も◎

受験というものは、友人が落ちても受かっても、自分の合否とは関係ありません。仮に、2人とも合格点を取れば2人とも受かりますし、2人とも合格点が取れなければ2人とも落ちます。ですから、「友人だけ受かったら嫌だな、落ちればいいのに」とライバル視をしたところで、なんの意味もないし、得をすることもないのです。それよりも、自分自身の得点を1点1点、あげていく努力をしてください。

とはいえ、友人をライバル視したからといって自己嫌悪に陥る必要はありません。互いを高めあえるような関係であればいいのです。例えば、「あの子に負けているところを、少しでも追いつきたい」「あいつにだけは負けたくない」といった視点であれば、合格の確率はあがります。

「名門校現象」という言葉をご存じでしょうか。東京大合格者を多数輩出するような難関校は、生徒同士が互いに助けあったり、情報交換をしています。足を引っ張りあうのではなく、互いに高めあえる関係になれるといいですね。

教えてマナビー先生！

世界の先端技術

pick up!!

ムーバー

▶マナビー先生 プロフィール

日本の某大学院を卒業後、海外で研究者として働いていたが、和食が恋しくなり帰国。しかし科学に関する本を読んでいると食事をすることすら忘れてしまうという、自他ともに認める“科学オタク”。

楽しみながらプログラミング 遊びながら身につく未来の力

新聞やテレビのニュースで、いま、学校でプログラミングを教えているという記事を見ることが多くなっている。なぜ、プログラミングなのだろうか。プログラミングは物事を順序立てて考え、処理する能力を高めることにつながると考えられているからだ。

新しい発想が浮かんだときに、どのように実際に具体的なものにしていくのかという力が、いまとても必要だ。プログラミングを習得できると、そんな力も自然に身についていく。

今回紹介するのは、そんなプログラミングを、パソコンのなかだけで行うのではなく、遊びながら体験できる装置だ。写真のように、腕時計みたいに身につける機械で、名前をムーバー（Mover）と言う。ムーバーには加速度センサーと方位センサー、そして８個のLEDライトがついている。加速度センサーによって時計のように腕につけたときは手や身体の動きをとらえてくれる。方位センサーがあるので、この装置自体が、どの方向に向いているかを知ることができる。センサーで得られた情報を使って８個のLEDライトを、好きな色で好きな周期で点灯させることができる。そう、つまりプログラミングできるんだ。

プログラミングって難しそうに思うかもしれないけど、ムーバーなら簡単だ。

パソコンをインターネットに接続し、ムーバーのサイトにアクセスする。すると、積み木を組み立てるようにプログラムをすることのできる画面が現れる。

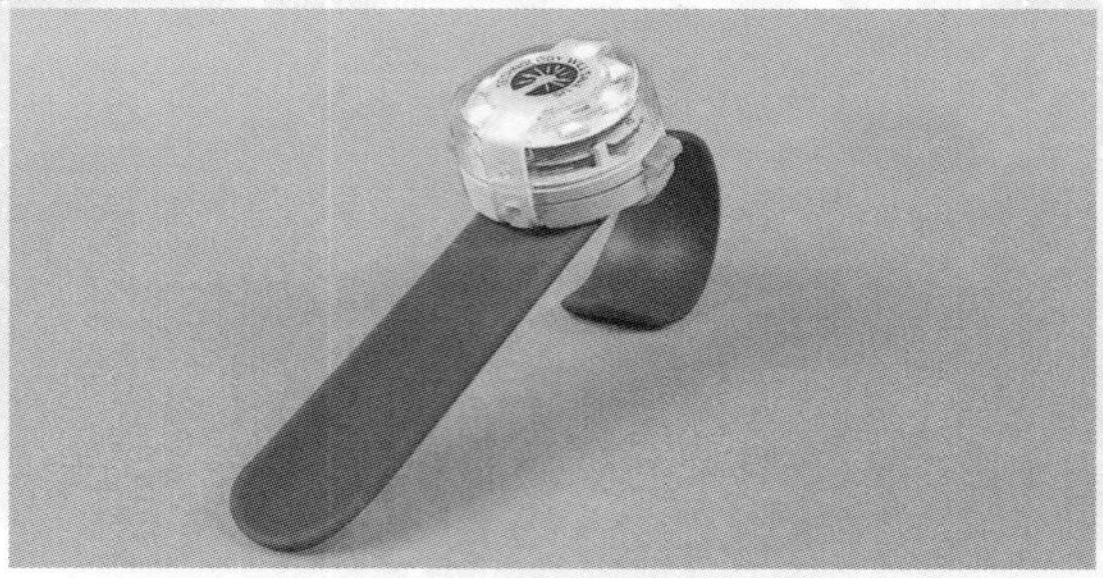

腕時計と同じようなフォルムのムーバー。その秘めた力はすごい（出典・Kickstarterホームページ）

手をぐるぐる回したとき、回す回数を調べ、その数に応じてLEDを光らせることができるようになる。作ったプログラムをムーバーに送り込むと、ムーバーは君が作ったプログラム通りに動くようになる。

でも、試してみると思った通りに動かないこともある。じつは、これがいいんだ。繰り返し、修正しながら、自分が思ったように動作させることができたら嬉しいし、次の遊び方を考えることもできる。

楽しみながらプログラムを作る力が身についていくようになっているんだね。

パソコンのなかだけでプログラムを作るのではなく、遊びながら自分の作ったプログラムを試し、改良できるようになっていることがすごいんだ。

ムーバーはKickstarterというサイトで資金集めをしている。１カ月の予定がなんと開始から２日で当初の希望の金額に達してしまった。世界中の人がこんな装置を待っていたんだね。

君もムーバーを使って、新しい遊び方を発明しながらプログラムを体験してみたくなったかな。

教育評論家 正尾佐の

高校受験指南書

国語 【百十伍の巻】 身につきにくい基礎知識問題

今号は6月号の基礎知識問題の国語の続きだ。国語の基礎知識で意外に身につきにくいのは古文のカナヅカイ、仮名遣いだよ。

首都圏の公立高では、県によっては必須問題（＝必ず出題されるので、必ず解けなければならない問題）であり、私立校でも頻出《ひんしゅつ》問題（＝よく出される問題）なのに、間違う人が毎年毎年たくさんいる。

それは、簡単に覚えられる仮名遣いのルールを、いっこうに覚えようとしないまま、受験本番に臨もうとする人たちが結構いるからだろう。

言葉には、音声言語と文字言語がある。口で言う言葉、話し言葉と、字に書いて表す言葉だ。

はじめは、話し言葉だけだったが、人間はそれを記録する方法を思いついた。それが文字である。口から出る色々な音＝言葉を、それぞれ文字で表現した。

そのとき、日本列島に住んでいた人たちは、「この音はこの文字で表そう、あの音はあの文字で表そう」という風に決めていった。その規則を仮名遣いという。

今、私たちが使っている仮名遣いは、70年近く前に定められた。それを「現代仮名遣い」と呼んでいる。

しかし、それ以前は「歴史仮名遣い」（歴史的仮名遣いともいう）が用いられていた。学校で学んだり入試で出たりする古文は、歴史仮名遣いで書かれている。

歴史仮名遣いのルールはそれほど難しくない。難しいところもあるが、そういうのは高校入試に出ない。だから、気にしなくてもいい。では、2015年と2014年の問題を解きながら、ルールを覚えていこう。

問A

「まゐり」の読み方を現代かなづかいで書きなさい。

昭和学院秀英

知っている人には易しすぎる問題だけど、知らない人は「〝まゐり〟って……」と絶句してしまう。

これは〝わ行ルール〟の問題だ。わ行を平仮名で書くと、こうだね。

今↓わ い う え を

⇔ ⇔

昔↓わ ゐ う ゑ を

これは現代仮名遣いだ。今、私たちが使っている書き方だ。

けれども昔は違った。こう書いた。

今と昔を比べると二カ所異なっている。

古文の時代には「ゐ」「ゑ」と書いたけれど、今は「い」「え」と書くし、読むときは〈い〉〈え〉と読む。それを知っていればいい。

正解 まいり

問B

たへずして　とありますが、この部分を「現代仮名遣い」に直し、ひらがなで書きなさい。

埼玉県

これは〝は行ルール〟の問題だ。は行の文字〝は〟〝へ〟は、現在でも〈わ〉〈え〉と読むことがある。例えば、

○昨日、羽田へ行った。

という風に。古文でも同じだ。

正解 たえずして

ところが、古文では〝ひ〟〝ふ〟〝ほ〟も〈い〉〈う〉〈お〉と読む。

それを知っているかどうかを確かめる問題が出る。

問C

おほきにを現代仮名づかいに改め、すべてひらがなで書きなさい。

千葉県

簡単だね。「おほきに」は〈おおきに〉だね。

正解 おおきに

もう1問、やってみよう。

問D
「すなはち」、「わたらひ」を現代仮名遣いに直し、すべて平仮名で答えなさい。
共立女子第二

正解　すなわち　わたらい

「もう、わかった。易しいよ。」と思った人のためにもう1問。

問E
「あひかまへて」を現代仮名遣いに直してひらがなで答えなさい。
多摩大目黒

うっかり〈あいかまへて〉と答えてはいけない。は行の文字は〝ひ〟だけでなく〝へ〟もある。

正解　あいかまえて

ここで賢明な人からツッコミが入りそうだね。「『枕草子』の書き出しの文はどう読むんですか？」ってね。

『枕草子』の冒頭（＝書き出し）は、

　春はあけぼの。

という文だ。これを、

　わるわあけぼの。

と読むのだろうか。そうではない、

　はるわあけぼの。

と読む。

じつは、ルールというものは完璧ではないし、万能でもない。

ルールが正しいのは、ある範囲に限られている。範囲外ではそのルールは通用せず、別のルールが必要になる。

その通用する範囲を、適応範囲という。

〝は行ルール〟にも適用範囲がある。それはこうだ。

〝腹《はら》〟〝原《はら》〟はどう読むか。〈わら〉でなく〈はら〉だ。〝林《はやし》〟はどう読むか。〈わやし〉でなく〈はやし〉だ。〝川《かは》〟はどう読むか。〈かわ〉であって、〈かは〉でない。〝岩《いは》〟はどう読むか。〈いわ〉であって、〈いは〉でない。

「腹・原・林」の場合は〈は〉と読み、「川・岩」の場合は〈わ〉と読む。なぜだろうか……。

そう、そうだよ、「はら」と「はやし」は、「は」が言葉の最初（語頭）にあり、「かは」と「いは」は「は」が言葉の最後（語尾）にある。

〝は行ルール〟は、こう整理できる。

◎語頭の「はひふへほ」は
　→そのまま「はひふへほ」と読む。
◎それ以外の「はひふへほ」は
　→変えて「わいうえお」と読む。
（それ以外＝語の途中や語尾

もっと細かいことをいうと、「母」とか「頬」のように、〝はは〟〝ほほ〟と同じ音が続く場合はどうだろうか？　これは高校入試では問われない。

しかし、興味のある人は、高校進学後に勉強したり、あるいは大学で国語学（日本語学）や言語学を研究したりするといい。

では、次の問いだ。

問F
「思ふやう」の読みを現代仮名遣いで答えよ。
十文字

これも誤りやすい。〈おもうやう〉ではいけない。

正解　思うよう

これは〝あうルール〟を使うのだ。このルールについて説明しよう。

「奥州」という言葉がある。知っているね？　昔、陸奥《みちのく》といわれた地域をさす言葉だ。青森・岩手・宮城の3県（と秋田の一部）だ。今でもときおり使われる。

この「奥州」はなんと読むか、読めるかな？　「〈おくしゅう〉だよ！」なんて誤読してはいけない。〈おうしゅう〉なのだ。

この「奥州」は、昔のある本には

こう書かれている。

　あう州

つまり、〝あう〟と書いて、〈おう〉と読むのだ。

では、クイズだ。「〝さう〟はどう読むだろうか？」

そう、そうだね、正解は「そう」。「あう→おう」だから「さう→そう」だ。

そうすると、次の表の（　）になにが入るか、わかるだろう。

あう→（おう）	かう→（　　）
さう→（そう）	たう→（　　）
なう→（　　）	はう→（　　）
まう→（　　）	やう→（　　）
らう→（　　）	わう→（　　）
がう→（　　）	ざう→（　　）
だう→（　　）	ばう→（　　）

正答は、

あう→（おう）	かう→（こう）
さう→（そう）	たう→（とう）
なう→（のう）	はう→（ほう）
まう→（もう）	やう→（よう）
らう→（ろう）	わう→（おう）
がう→（ごう）	ざう→（ぞう）
だう→（どう）	ばう→（ぼう）

ちょっと難しいのは、「わう」だ。これは次のように考えるとわかりやすい。

わ行は〝わ・い・う・え・を〟だね。だから、〝わう〟は〈をう〉と読む。しかし、現在では〝を〟は〈お〉と読むね。それで、

わう→をう→おう

となるわけだ。

〝あうルール〟があれば、〝いうルール〟もあるし、〝えうルール〟もある。茨城県でこんな問題も出たことがある。

問G
――線の読み方を現代かなづかいに直して、ひらがなで書きなさい。
「限なくかなしうしけるが」
茨城県

これは〝いうルール〟を使う。

現代でも、「正尾という人に会った」の〝いう〟を声に出して読むと〈ゆう〉となる。つまり、

いう→ゆう

というわけだが、これはい段（い・き・し・ち・に・ひ・み・り・ゐ・ぎ・じ・ぢ・び）のすべてに当てはまる。こんな風だ。

いう→ゆう　きう→きゅう
しう→しゅう　ちう→ちゅう
にう→にゅう　ひう→ひゅう
みう→みゅう　りう→りゅう
ぎう→ぎゅう　じう→じゅう
ぢう→ぢゅう　びう→びゅう
ゐう→ゆう（ゐう→いう→ゆう）

正解　かなしゅう

こんな問題もよく出る。

問H
――線の読みを現代仮名遣いに直して書け。
浮雲の栄耀《えいえう》を求めん。
福井県

「栄耀」は「えいえう」とルビ（ふりがな）が打たれている。この「えう」がポイントだ。これは、〝えうルール〟を使う。

えう→よう　けう→きょう
せう→しょう　てう→ちょう
ねう→にょう　へう→ひょう
めう→みょう　れう→りょう
げう→ぎょう　ぜう→じょう
でう→じょう　べう→びょう
ゑう→よう（※ゑう→えう→よう）

正解　えいよう

さて、わ行ルール、は行ルール、あうルール、いうルール、えうルールという5つの基本ルールの説明が終わったね。

でも、もう少し、過去問を取り上げて練習をしよう。

問I
次の語を、それぞれ現代仮名づかいに直しなさい。
かへすがへす　いみじう
城北

「かへすがへす」は〝は行ルール〟、「いみじう」は〝いうルール〟だね。

正解　かえすがえす　いみじゅう

問J
傍線部について、現代仮名遣いと異なるものには現代仮名遣いでの仮名を、同じものには○を、それぞれ答えなさい。
高忠《たかただ》と言ひける震《ふる》ふを見て脇《わき》にはさみて立ち去りぬ。
筑波大附属駒場

これも〝は行ルール〟だ。「言ひ」は〈いい〉、「震ふ」は〈ふるう〉だね。「はさみて」は〈わさみて〉……ではない。

「はさみて」は『挟んで』という意味で、「挟む」の「は」は語頭にあるから、そのまま〈はさむ〉と読む。

正解
言ひ→いい
震ふ→ふるう
はさみて→○

最後に、私立の難関高の問題をみてみよう。早稲田実業にチャレンジだ。

問K
次の――線A～Fのうち仮名遣いと実際の読み方とが一致するものを選びなさい。
目出度き御山とAいひつべし。
木綿しめ身にBひきかけ
鍛冶小屋とCいふあり。
Dつひに月山と銘を切って
しばしEやすらふほど
梅花ここにFかほるがごとし。
早稲田実業

A～Fはすべて、は行の文字だ。

A「いひ」は〈いい〉だね。仮名遣いと読みは一致しない。

B「ひきかけ」は語頭にあるので、〈いきかけ〉ではなくそのまま〈ひきかけ〉だ。これは一致している。

C「いふあり」は〈ゆうあり〉だ。一致しない。

D「つひに」は〈ついに〉だから、一致しない。

E「やすらふ」は〈やすらう〉、〈やすろう〉のどちらで読んでもいい。両方一致しない。

F「かほる」は〈かおる〉で一致しない。

というわけで、一致するのはBだけだ。

正解　B

国語

東大入試突破への現国の習慣

田中コモンの今月の一言！

「思い出す」という一《ひと》手《て》間《ま》をかけ、エピソードにして記憶するのです！

田中《たなか》 利周《としかね》先生

早稲田アカデミー教務企画顧問

東京大学文学部卒。東京大学大学院人文科学研究科修士課程修了。文教委員会委員。現国や日本史などの受験参考書の著作も多数。

グレーゾーンに照準！ 今月のオトナの言い回し 「礼を尽くす」

「どうしたらずっと覚えていられるのですか？」筆者のところに相談が舞い込みます。テストに出そうな重要事項について、頭の中に完璧にしまいこんでおきたい！　という願いをかなえるための、うまいやり方はないものか？　という質問ですよ。「先生は東大に合格したんだし、記憶力がいいんですよね？　何か特別な方法とか、知ってるんじゃないですか？」切羽詰っている気持ちは伝わってきますが、かなり失礼な質問になっていますよね（笑）。どの点が失礼に当たるのか、皆さんはお分かりでしょうか？　質問の内容を極端に言い換えてみると分かりやすいかもしれません。「先生は暗記だけで東大に受かったんでしょ？　しかも誰かの暗記法を使って！」と、こうなってしまうのです。「そんなこと言ってない！」と思うかもしれませんが、相手に「そう解釈できる」「そう言っているに等しい」と、受け取られてしまってはアウトなのですよ。

　ではどのように質問すればよかったのでしょうか。せめて「先生は記憶力も優れていらっしゃるから…」といった具合に聞いてくれれば、なんとか役に立ちそうな答えを返そうとするところなんですけれどね。相手からうまく答えを引き出そうとするならば、オトナの言い回しが必要になるということを学んでほしいのです。もしこの質問を現役東大生にぶつけたら、次のような答えが返ってくることが予想されますよ。「僕は記憶力に関してはからきしダメですね」と。つまり、逃げをうたれてちゃんと返答してもらえないという結果を招いてしまうのです。この現役東大生の返答のイヤミなポイントはお分かりですよね。「記憶力に関しては」の部分です。「記憶力以外はすごいんです」という主張になりますから。さらに質問にあった「東大合格力＝記憶力」という図式そのものを否定していることにも気づいてくださいね。彼はこう主張したいのです。暗記するだけの受動的な能力ではなく、もっとクリエイティブな発想の力によって、受験をパスしてきたのだと。

　相手にものをたずねる際には、相手がつい答えたくなるような筋道を考えておく必要があります。そのためには、相手のことをよく調べておくという準備が欠かせないのです。いわば予習を必ずしていかなくてはならないということです。この準備を怠って、不用意な質問をしようものなら、大変なしっぺ返しをくらうことになる！　という実例が最近ニュー

スになりました。80歳で三島由紀夫賞という文学賞を受賞した小説家の話題です。受賞したのは蓮實《はすみ》重彦《しげひこ》先生。先生は文学賞受賞の記者会見の席で質問をした記者に対して「あの、馬鹿な質問はやめていただけますか」と、バッサリ切って捨てたんですよ。小説の主人公のモデルが若き日の蓮實先生なのではないか、という質問に対して。会場は凍りついていましたね。筆者の感想としては「先生お変わりないですね」というものです。蓮實先生は筆者の大学のゼミの先生で、東大の総長も務められたフランス文学者です。筆者が東大で受けた授業の中で一番緊張していたのが「蓮實ゼミ」でした。そりゃ、怖かったですよ（笑）。質問するなら、礼を尽くして予習せよ！　という厳しい教えを賜《たまわ》りました。今回オトナの言い回しとして「礼を尽くす（相手への敬意をできる限り表すこと）」を取り上げたのは、質問する者の心得として予習が不可欠である、という蓮實先生の教えを思い出したからなのでした。思いつきのような質問は相手に対して失礼なのですよ。

閑話休題。記憶力の話でしたね。蓮實先生ほど厳しくはない筆者は、つい教え子にほだされてしまうのでした。追い詰められている教え子の気持ちを分かってやってしまうのですよ。何とか「裏ワザ」のような記憶法を聞き出すことを期待しての質問なんだよね、と。そこで筆者は答えます。「先生は、思い出したものを覚えておくのが得意なんですね。決して、一度頭に入れたものがそのまま全部残っているわけではありません。つまり一度は必ず忘れてしまっています。でもこのことが重要なんですよ！」素直に答えを教えてあげないあたり筆者も意地悪だとは思うのですが、やはり読解力を求めてしまうのです。トリッキーな物言いをすることで、質問した教え子にも頭を使ってもらうことを意図しているのですよ。それは自分で頭を使わないと定着しないということを知っているからなのです。

筆者のところに質問に来る生徒たちがイメージしている記憶のあり方というのは、頭の中に１００の項目を詰め込んだとしたら、できるだけそれが失われないように何とか維持したいというものです。テストの前夜、重要事項を１００個暗記して眠りについたら、当日の朝にも１００個そっくりそのまま残っていてほしい！　という考えですね。定着率１００%という夢想ですよ。１００%が夢物語だとしたら、せめて80%くらいは残っていてほしい！　定着率8割という理想。ところが現実は、一晩寝たら8割近くは忘れるというものなのです。定着率2割という現実。でもこれは人間の頭の構造上しかたのないことなのです。誰がやってもそうなってしまうのですよ。

定着率を上げることに躍起になるよりも、「ほとんど忘れてしまうもの」という現実からスタートして、記憶の定着に取り組むことをあらためて考えてみる、というスタンスが大事になることが分かるでしょう。そこで筆者の言った「思い出したものを覚えておく」という言葉の意味を考えてください。ポイントは「思い出す」ですよ。忘れた分だけ思い出すチャンスがある、と考えましょう！　思い出す、という作業は、必ず何かと何かを結びつける操作を伴います。この結びつける操作ごと、エピソードとして記憶するのです。これこそが復習の作業だと言うこともできます。礼を尽くして予習をして、手間ひまかけて復習する。これが学習の王道なのです！

慇・懃・無・礼?!
今月のオトナの四字熟語「本郷界隈」

先月取り上げたのは「三四郎池」、本郷東大の構内にある池でしたね。名前のいわれとなった夏目漱石の小説も紹介しました。熊本から上京してきた東大生小川三四郎君が本郷界隈で学生生活をおくる様を描いた『三四郎』という作品でしたね。三四郎君の出身地熊本市と、本郷東大のある筆者の地元文京区は、都市間協定を結んでいます。正式には「文化と歴史を縁とする包括連携」というものです。夏目漱石をはじめとする、熊本と文京の両方で活躍した文化人が「縁」となって、観光などの分野でお互いに協力し合うという、いわゆる友好都市の関係が結ばれているのです。

熊本と文京をまたにかけた文化人といえば、本郷で生まれ、熊本市に移り、大学からまた本郷東大に戻ってきた、熊本弁と東京弁のバイリンガル（笑）、木下順二先生も忘れてはなりません。皆さんには『夕鶴』『彦市ばなし』の劇作家として知られているでしょうか。木下先生には、その名も『本郷』という著作があります。その冒頭がいいんですよ！　原文のまま引用しますね。「本郷が好きである。本郷に生まれて、間（あいだ）十年がほど抜けたけれども、あとはずっと、今も本郷に住んでいる。」

筆者が本郷に事務所を構えたときには、まだ木下先生がご存命で、町会の名簿に「木下順二」の名前を発見したときには、感動したものです。木下先生は次のようにもおっしゃいます。「東京駅をたつときは、熊本へ帰るという。熊本駅をたつときは、本郷へ帰るというのである。」大きな地震が発生した熊本ですが、一刻も早い復旧復興を、「縁」の地である本郷からもお祈り申し上げます。

$\frac{10}{100}x\times5+\frac{20}{100}y\times3=120$ ……②

が成り立つ。①、②の連立方程式を解いて、

$x=60$、$y=150$

よって、**レモン１個の定価60円、りんご１個の定価150円**

次は売り上げに関する問題で、単価（１個の値段）を変えると、売れる個数もそれに伴って変わる場合は、次のように２次方程式の問題になります。

問題2

ある商品は，１個50円の値段で売ると１日で200個売れます。この商品の値段を１円下げるごとに，売れる個数が８個ずつ増えます。この商品の１日の売上金額を11200円になるようにするには，いくら値下げをしたらよいですか。

（中大杉並）

<考え方>

「売上＝単価×個数」の関係を利用して式を作ります。

<解き方>

商品をx円値下げすると、売れる個数は$8x$個増えるので、このときの売上金額から、

$(50-x)(200+8x)=11200$

これを整理すると、$x^2-25x+150=0$

因数分解して、$(x-10)(x-15)=0$

これより、$x=10$、15

これらはどちらも題意に適するので、**10円、または、15円**値下げをしたらよい。

最後は、平均に関する問題で、少し条件が複雑になっていますが、設問の順に丁寧に考えていきましょう。

問題3

１問10点で10問のテストを行った。下の表のように，テストの得点に応じて評価をつけ，評価A，Bを合格，評価Cを不合格とした。空欄の人数は不明であるが，下のア，イ，ウがわかっている。

合　否	合　格							不合格			
評　価	A			B				C			
得点(点)	100	90	80	70	60	50	40	30	20	10	0
人数(人)	1	3	6				12		8	4	3

ア．評価Ａの生徒の平均点は，評価Ｃの生徒の平均点より65点高い。

イ．合格者の平均点は60点であり，得点が30点以上の生徒の平均点は56点である。

ウ．50点の生徒の人数は60点の生徒の人数より１人多い。

(1)　得点が30点の生徒の人数を求めよ。

(2)　合格者の総数を求めよ。

(3)　評価Bの生徒の平均点を分数で表せ。

（青山学院・問題一部略）

<考え方>

「合計点＝平均点×人数」の関係を利用して方程式を作ります。

<解き方>

(1)　評価Aの生徒の平均点は、

$\frac{100\times1+90\times3+80\times6}{1+3+6}=\frac{850}{10}=85$（点）

よって、条件アより、評価Ｃの生徒の平均点は、

$85-65=20$（点）

得点が30点の生徒の人数をx人とすると、

$30x+20\times8+10\times4+0\times3=20(x+8+4+3)$

が成り立つ。これを解いて、$x=10$より、得点が30点の生徒の人数は**10人**

(2)　合格者の総数をy人とすると、条件イより、得点が30点以上の生徒の合計点に注目して、

$60y+30\times10=56(y+10)$

が成り立つ。これを解いて、$y=65$より、合格者の総数は**65人**

(3)　評価Ａの生徒の人数は、$1+3+6=10$（人）だから、(2)より、評価Ｂの生徒の人数は、$65-10=55$（人）。

よって、評価Ｂの生徒の平均点は、合格者の平均点と評価Ａの生徒の平均点から、

$\frac{60\times65-85\times10}{55}=\frac{610}{11}$（点）

文章題は「苦手」、「面倒」と敬遠する人も多いようですが、まずはここで学習した問題を、もう一度自分のノートで解き直して、基になる考え方や解き方のコツをつかむ努力をしてみましょう。また、割合などの問題では、係数が小数や分数の文字式・方程式の計算が出てくるのが普通ですから、正解するためには確かな計算力も求められます。その意味でも解説を読んで理解するだけでなく、自分で答えを導く練習を繰り返すことが大切です。

数学

楽しみmath数学! DX

基になる考え方や解き方のコツをつかむために繰り返し解いてみよう

登木 隆司先生
早稲田アカデミー 城北ブロック ブロック長
兼 池袋校校長

今回は、方程式の応用である文章問題を学習していきましょう。

初めに、出題率の高い代金に関する問題です。

問題1

和歌子さんと正夫さんの２人が，ある果物屋で買い物をした。次の⑴，⑵に答えなさい。

⑴ 和歌子さんは，１個80円のキウイフルーツをa個，１個120円のグレープフルーツをb個買ったところ，代金は800円であった。このとき考えられるキウイフルーツとグレープフルーツの買い方の個数の組み合わせを，aとbの値の組（a，b）として，すべて求めなさい。

ただし，必ずキウイフルーツとグレープフルーツの両方を買うものとする。

⑵ この日は特売日で，レモンは定価の10%引き，りんごは定価の20%引きであった。正夫さんは，レモン５個とりんご３個を買って，代金は定価で買うよりも120円安い，630円であった。

このとき，レモン１個とりんご１個の定価はそれぞれいくらか，求めなさい。　（和歌山）

<考え方>

⑴ a、bに関する式は１つしか作れませんが、aまたはbについて解いて、ともに整数になる組み合わせを見つけます。

<解き方>

⑴ キウイフルーツをa個とグレープフルーツをb個買ったときの代金から、

$80a+120b=800$

両辺を40で割って、$2a+3b=20$

aについて解くと、$a=10-\frac{3}{2}b$

これより、a、bが、ともに整数になるのはbが２の倍数のとき。

右の表より、(a、b)＝**(1、6)、(4、4)、(7、2)**

a	1	4	7
b	6	4	2

⑵ レモン１個の定価をx円、りんご１個の定価をy円とすると、

レモン５個とりんご３個を定価で買ったときの代金から、

$5x+3y=630+120$ ……①

レモンとりんごを、それぞれ定価の10%引き、20%引きで買うと120円安くなることから、

英語で話そう！

朝がちょっぴり苦手な中学３年生のサマンサは、父（マイケル）と母（ローズ）、弟（ダニエル）との４人家族。

ある日の朝のこと。サマンサは学校でテストがあるようです。ダニエルがサマンサに様子を尋ねています。

川村 宏一先生

早稲田アカデミー　教育事業推進部

英語研究課 課長

Daniel　：Good morning, Samantha. Do you have tests at school today?
ダニエル：おはよう、サマンサ。今日、学校でテストがあるの？

Samantha：Yes, I do.
サマンサ　：うん、そうよ。

Daniel　：How many tests today? …①
ダニエル：（今日の）テストは何科目あるの？

Samantha：Four. So I studied all night. …②
サマンサ　：４科目よ。だから徹夜で勉強していたの。

Daniel　：Really?　Are you all right?
ダニエル：本当に？　大丈夫なの？

Samantha：No problem. …③
サマンサ　：大丈夫よ。

Daniel　：I hope you can take a good score!
ダニエル：いい点がとれるといいね！

Samantha：Thank you. I'll do my best.
サマンサ　：ありがとう。できるだけ頑張ってみるわ。

今回学習するフレーズ

解説①　how many 〜	「いくつの〜」 (ex) How many balls do you have in the bag ? 「あなたはバッグのなかにボールをいくつ持っていますか？」
解説②　all night	「一晩中」 (ex) I was up all night. 「私は一晩中、起きていた」
解説③　no problem	「問題ない」 (ex) No problem, do not worry. 「問題ないよ、心配しないで」

グローバル教育出版の本

新刊案内

「先生を育て学校を伸ばす」ベテランが教える

生徒を育て、人を育て、そして、自分を育てる 先生のための本

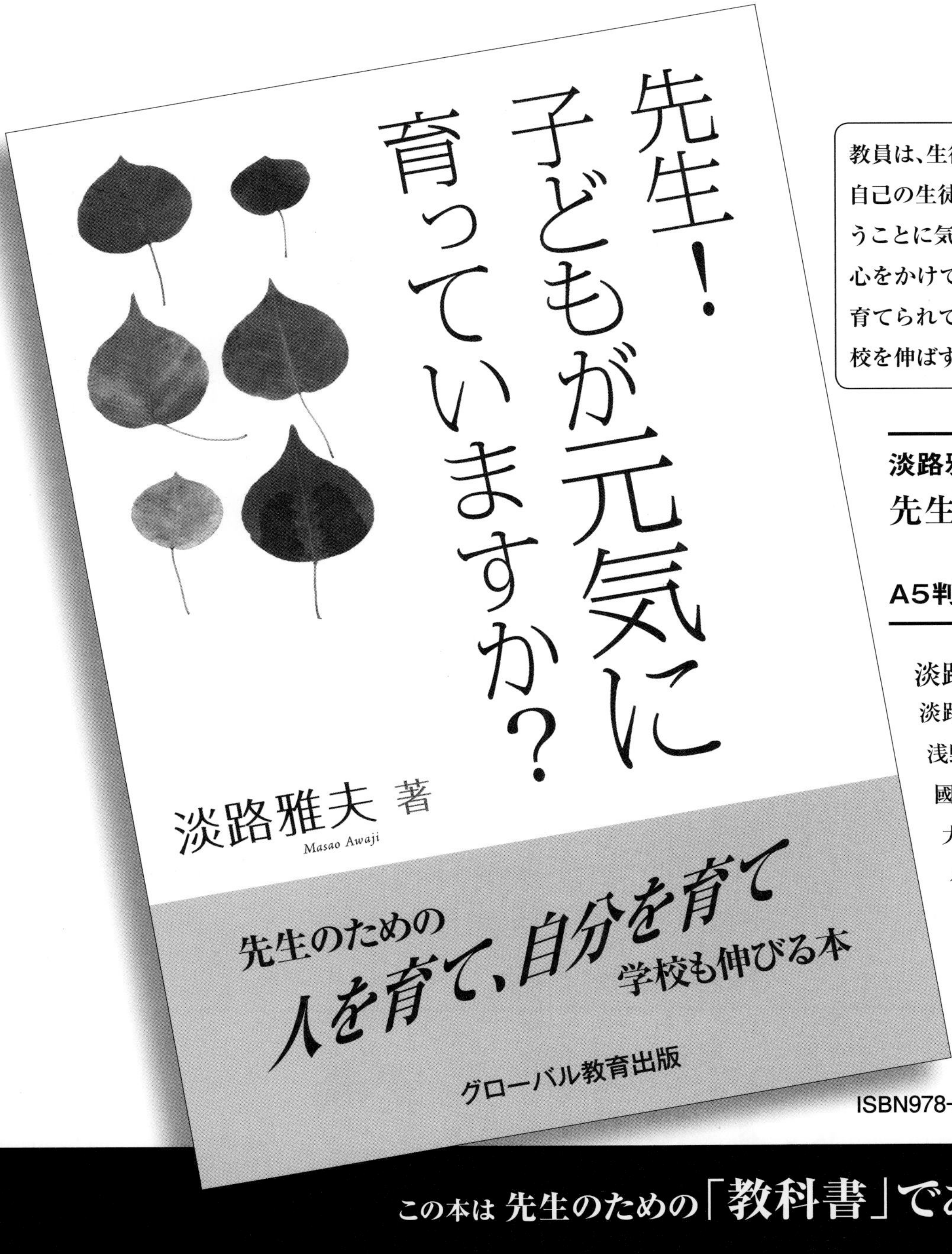

学校が伸びる

教員は、生徒に向ける関心こそが、自己の生徒指導の方法を磨いていくのだということに気づくべきです。生徒に「目をかけ、心をかけて」育てていくことで、教員自身も育てられているのです。それがひいては、学校を伸ばすことにつながります……著者

淡路雅夫 著

先生！子どもが元気に育っていますか？

A5判　160ページ　1,500円＋税

淡路雅夫（あわじ・まさお）

淡路子育て支援教育研究所主宰。私立浅野中学・高等学校の前校長。現在は、國學院大學教職特別講師、関東学院大学非常勤講師、東邦大学教職アドバイザーなどを務め、講演・執筆活動を通して私学支援を行う。専門分野は子どもの教育・福祉を中心とした家族・親子問題。

ISBN978-4-86512-058-5

この本は 先生のための「教科書」であり「強化書」である

森上教育研究所 所長 森上展安

http://www.g-ap.com

グローバル教育出版　〒101-0047 東京都千代田区内神田2-4-2 グローバルビル　電話 03-3253-5944　Fax 03-3253-5945

みんなの数学広場

TEXT BY
かずはじめ

数学を子どもたちに、楽しく、わかりやすく、使ってもらえるように日夜研究している。好きな言葉は、"笑う門には福来る"。

初級〜上級までの各問題に生徒たちが答えています。
どの生徒が正しい答えを言っているか当ててみよう。
もちろん、当てずっぽうじゃなく、実際に問題を解いてみてね。

問題編

答えは42ページ

上級

ロバート君の家にはいま、81本のジュースの空きビンがあります。このジュースの空きビンを４本持っていくと、ジュース１本と交換してくれるお店を見つけました。

そこでロバート君は、少ないおこづかいでこのジュースの空きビンをもとに、新しいジュースを買う本数を最小限に抑えて、できるだけたくさんのジュースを飲もう！　と考えたところ、ロバート君は、この空きビンをもとに全部で32本のジュースを飲むことができることがわかりました。

最終的にロバート君はこのお店でジュースを何本買えばいいのでしょうか？　ただしジュースの購入は１回とは限りません。

A
答えは… 2本
これで最少！
B
答えは… 3本
84本になるから…。
C
答えは… 4本
間違いない！

中級

1、2、4、6、8の数字の書かれたカードが1枚ずつあり、P、Q、Rの3人に1枚ずつ配りました。 配られたカードの数字について、

・Rのカードの数字はPとQの平均だった

・Pのカードの数字はQの半分だった

という2つの手がかりがわかっているとき、Rのカードの数字はいくつですか？

A
答えは･･･ 2
1つ目の手がかりが
重要だね。
B
答えは･･･ 4
PがQの半分だから…。
C
答えは･･･ 6
両方の手がかりから…。

初級

X、Y、Zは1から9までの整数のいずれかで、$X+Y=11$、$Y+Z=14$です。 次の2つの手がかりがわかっているとき、Yはいくつでしょうか。

手がかり1…Xは2の倍数である

手がかり2…Zは3の倍数である

A
答えは･･･ 4
頑張って計算したよ！
B
答えは･･･ 5
手がかりを見たら
わかった。
C
答えは･･･ 6
難しかったなあ。

上級

正解は C

やったね！

飲み終わったジュースの空きビンが４本になると新しいジュースが１本飲めることに注意します。

81本の空きビンは　81÷4=20　あまり1　ですから、20本のジュースと交換できて1本空きビンがあまります。この20本のジュースを全部飲むと20本の空きビンができます。

この20本の空きビンは　20÷4=5　ですから、5本さらに飲めます。

この５本のジュースを全部飲み、さきほどのあまっている１本の空きビンと合わせると６本の空きビンがまだあります。

この空きビンでジュースと交換すると、 6÷4=1　あまり2　ですから、１本のジュースと交換できて２本の空きビンがあまります。ここで１本のジュースを飲み、あまっている２本の空きビンと合わせても空きビンは３本しかないので、これ以上ジュースと交換することはできません。 そこで、ジュースを１本買って飲めば空きビンは４本となり、再び１本のジュースと交換することができます。

さあ、ここまでで飲んだジュースの本数は　20+5+1+1+1=28本　です。

この時点で買ったジュースは１本、あまっている空きビンは１本です。ロバート君が飲んだジュース32本に４本足りません。

そこであまっている空きビンが１本に、３本のジュースを買って飲めば、空きビンは４本となり、ジュース１本と交換でき、すでに飲んだ28本と買った３本と交換した１本のジュースを合わせて28+3+1=32本のジュースを飲むことができることがわかります。

したがって、購入した本数は最終的に1+3=4本となります。

A
どんな計算でそうなったの？

B
あと１本足りない！

正解は

嬉し～い

2つ目の手がかり「Pのカードの数字はQの半分だった」からは、以下の3パターンがあげられます。
(1)P：1、Q：2　(2)P：2、Q：4　(3)P：4、Q：8
次に1つ目の手がかり「Rのカードの数字はPとQの平均だった」から、上の3パターンのRの値を確認していくと…
P：1、Q：2の場合Rは1.5　　→×(問題文のカードにない)
P：2、Q：4の場合Rは3　　　→×(問題文のカードにない)
P：4、Q：8の場合Rは6　　　→○
したがって、Rのカードの数字は6になります。

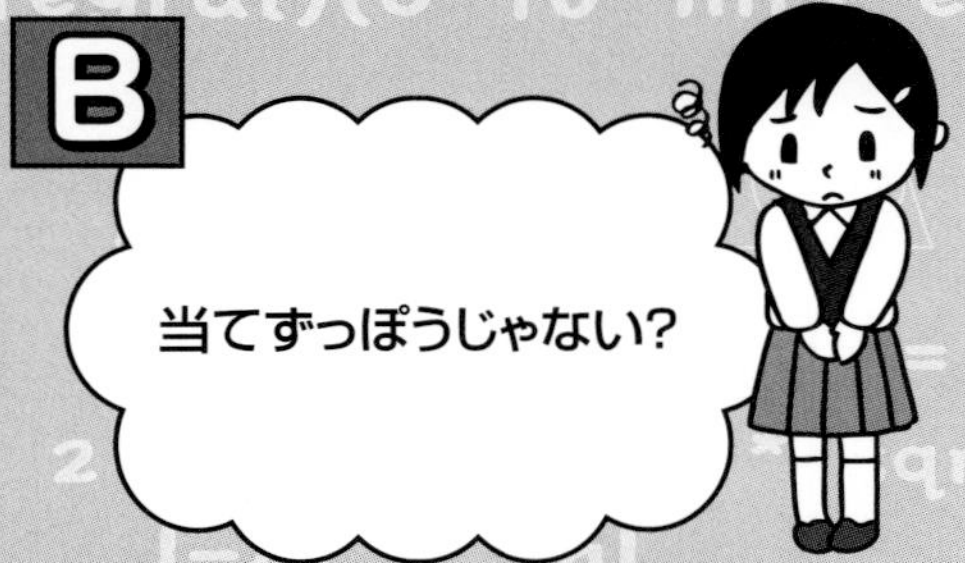

ちゃんと検算した？

当てずっぽうじゃない？

 正解はイエーイ

まず、パターンの限定しやすい手がかり2から考えます。手がかり2は「Zは3の倍数である」から、Zのパターンは1～9のなかで3、6、9が考えられます。これらのパターンについてXとYを求めて、手がかり1の「Xは2の倍数である」と合っているか確認していきます。
Zが3のとき…X：0、Y：11　　→XとYが1から9までの整数でないので×
Zが6のとき…X：3、Y：8　　　→Xが2の倍数ではないので×
Zが9のとき…X：6、Y：5　　　→ 正しい○
よって、Yの値は5となります。

手がかりをちゃんと読んだかな？

どうやってその答えになったの？

＼先輩に聞け！／

大学ナビゲーター

早稲田大学

商学部 3年生

藤澤《ふじさわ》 隼《しゅん》さん

他学部の講義も履修したことで将来の選択肢が広がった

歴史的な側面から経済学を学ぶゼミ

——早稲田大を志望した理由を教えてください。

「高校受験のときから早稲田大に憧れていて、附属校を受験しましたが残念ながら不合格でした。でも大学受験で合格できたので嬉しかったです。学部は社会が好きだったことから、政治や経済について学べる社会系の学部を選びました。」

——どんな講義を受けていますか？

「1、2年次は経済学や会計学、数学、ビジネス法などの基礎を学ぶ、商学部の必修科目の履修が中心でした。いまは経済や経営にかかわる講義のほかに、他学部聴講制度を利用して、創造理工学部の『交通計画』や、社会科学部の『コミュニティデザイン』という講義もとっています。

『交通計画』では都市の交通量を計算し、それを参考にしながら都市計画について考えていきます。『コミュニティデザイン』は国内外の事例をふまえて、市民が参加するまちづくりについて学んでいます。」

——とくに印象に残っている講義はありますか？

「早稲田大には個人や団体からの寄附を活用して開かれる『寄附講座』というものがあり、普段の講義とはひと味違ったおもしろいものがたくさん開講されています。

『ツーリズム産業論』は旅行業にかかわっているさまざまな方を招いて行われる講義です。観光庁やＡＮＡ、ＪＲ、帝国ホテルなど毎回異なる方から色々な話が聞けて、とても楽しかったです。

とくに普段会う機会がない観光庁の方のお話を聞けたのは貴重な体験でした。日本を観光立国にしようと

サークルの仲間と行った伊勢神宮

鉄道研究会の新入生歓迎模型運転会（外部会場にて）

いう政策が進んでいるけど、訪日外国人を増やすだけ増やしても、現状では宿泊施設が足りず対応しきれないといった問題点を具体的な数字を出しながら説明してくれました。日本を訪れてもらうための工夫も大切だけど、それと同時に環境整備を進めていくことも大事だという話が印象的でした。

　そのほかにも多彩な講座があり、起業家OBによる『起業家養成講座』は、起業の基礎を学んだあと、各自が考えた起業プランをもとにコンテストを開くユニークな講座でした。」

——3年生からゼミが始まったそうですね。

「ゼミのテーマは戦後日本の経済史や経営システムの変化を数値的な面から分析しながら、今後の課題についても考えていくことです。

　メンバー20人が4人1組に分かれ、班ごとにテキストの担当箇所をまとめていきます。そして、まとめたことを発表する発表班と、発表班に対して質問を投げかける質問班の役割を順番に担当します。質問班のときは、なぜその質問をしたのか、質問の意図まで聞かれることもありますし、たまに質問班でないのにあてられることもあるので、自分が発表する箇所以外の内容もしっかり勉強しておかなくてはなりません。夏休みのゼミ合宿でも、初日に発表大会があったりと、大変に思うこともありますが、色々な力が身についていると感じます。

　これが週に1回の本ゼミと呼ばれるもので、ほかに2週間に1回、サブゼミというのもあります。本ゼミの先生のもとで学んでいる大学院生の方が、統計学の基礎やエクセルの使い方などを教えてくれます。」

——今後の目標を教えてください

「他学部聴講制度を通じて、都市計画やまちづくりに興味を持ったので、将来はそうしたことに携わるか、鉄道が好きなので、なんらかの形で鉄道にかかわっていけたらいいなと思っています。興味のあるものや好きなものに関連する企業に就職できたらいいですね。」

鉄道研究会

　早稲田大の鉄道研究会に入っています。サークルの公式行事として年２回、春の新歓合宿と夏休みの夏合宿があります。さらに、年４回、サークル内で募集をかけて温泉地などへの旅行を計画しています。場所を選ぶときに、新たに開通した新幹線に乗りに行こうとか、その逆で新幹線の開通で廃線してしまう在来線の特急に乗りに行こうとか、どの鉄道を利用するか考えるのも楽しみです。

工夫次第でノートも単語帳に

　英語が苦手だったので、塾の先生からのアドバイスで、覚えられない単語を単語カードに書いて自分だけの単語帳を作っていました。途中からカードの量が多くなってしまい管理が難しくなったので、単語を書くのをノートに変更しました。１ページを半分に区切って左側に英単語、右側に日本語訳を書くようにすると、紙を半分に折ったときにちょうど日本語訳が隠れるんです。小さめのノートだとポケットにも入るので、単語帳のように持ち歩いてチェックもできます。

学校見学で色々チェック

　勉強に身が入らなくなったときは、学校見学に行くのがおすすめです。学校の様子を知ることができるし、３年間その学校に通うイメージが持てるかどうか、無理せず通学することができるかの確認もできます。私も学校見学に行ってみて、より自分の雰囲気に合った併願校を見つけることができたし、いざ通うとなると通学が大変そうな学校がわかったりしました。

受験生こそ息抜きが大事

　受験生になると色々と忙しくなるし、気持ちに余裕がなくなってくると思います。そんなときこそ肩の力を抜く時間を大切にしてください。その方が最後までしっかり戦えると思います。

　私は電車が好きなので、通学中に電車の窓から景色を見たり、模試を受けに行くときに毎回異なる路線に乗るのがいい気分転換になっていました。息抜きのために特別なことをしなくても、食事やお風呂といった生活の一部の時間でもいいので、ほっとできる時間を見つけてほしいです。

古今文豪列伝

第20回

坂口安吾《さかぐちあんご》

Ango Sakaguchi

坂口安吾は1906年（明治39年）10月、衆議院議員の13人兄弟の12番目の子として新潟県新潟市で生まれた。今年は生誕110年だね。本名は「炳《へい》五《ご》」。安吾の長兄は新潟日報の社長をしたり、のちの新潟放送の社長を務めた。また、母の実家は新潟県五泉市の大地主だった。

小学校のときの成績は優秀だったけど、中学では近視のせいもあって成績が下がり、授業にも出なくなってしまい、落第したこともあるんだ。学校では答案を白紙で出すなど、反抗的で、2回目に落第しそうになったとき、家族が心配して東京の真言宗系の私立豊山中学（現・日大豊山中高）に転校させたんだ。

このころからフランスの詩人、ボードレールや石川啄木の短歌の影響を受け、文学や宗教に興味を持つようになり、短歌を作るようにもなった。

一方で野球、陸上競技、相撲などにも熱をあげ、陸上の高跳びでは全国中学校大会（現在のインターハイ）で優勝したこともあるんだ。スポーツマンだったんだね。

中学を卒業すると、一時は代用教員として小学校の先生もしたけど、興味を持った宗教の勉強をしようと、1926年（大正15年）、東洋大インド哲学科に入学、哲学書や仏教書を読みあさる生活をしたんだ。

1930年（昭和5年）に東洋大を卒業、翌年、処女小説『木枯《こがらし》の酒倉から』を『言葉』に発表。続いて『風博士』『黒谷村』を発表。島崎藤村らに認められ、作家の仲間入りを果たした。

その後は小説や随筆、評論を発表したけど、安吾が脚光を浴びるのは戦後だ。

1947年（昭和22年）には『白痴』『いづこへ』『堕落論』『道鏡』などを次々と発表。人間の欲望や生の姿を描き高い評価を受けた。「無頼派《ぶらいは》」なんて呼ばれたんだ。『不連続殺人事件』『明治開化　安吾捕物帖』などの推理小説も書いているんだよ。

だけど、薬物の乱用でノイローゼがひどくなり、東京大病院に入院したこともあったんだ。

晩年は『信長』『真書太閤記《しんしょたいこうき》』などの歴史小説にも手を染めたんだけど、1955年（昭和30年）2月、脳溢血《のういっけつ》で死去した。48歳だった。

今月の名作

坂口安吾

『堕落論』

『堕落論』
520円＋税
新潮文庫

第二次世界大戦に敗北し、それまで日本の勝利のためにストイックに戦った人々が、生活のために精神的に堕落する姿を逆説的に肯定した作品。それは本来、人間らしい姿だと言いきり、人だけでなく日本も堕《お》ちることが必要だと説いた。

あれも日本語これも日本語

NIHONGO COLUMN NO.77

「雨」にちなむ言葉 上

梅雨が近くなってきたね。今回は「雨」にちなむ言葉をみてみよう。

「雨降って地固まる」は雨が降ることで地面が固くしまることだ。そこから、もめごとがうまく解決すると、その後はもめる前よりもよい状況になるという意味だ。「A君とB君はケンカして仲直りしてから、前よりも仲良くなったみたいだ。雨降って地固まるだね」なんて使う。

「雨だれ石を穿《うが》つ」。雨だれは弱々しい感じだけど、長い間落ち続けていれば、下の固い石に穴を開けてしまうことができる。そこから、小さな力でも努力を続けることによって成果をあげることができる、という意味だよ。

「雨後の筍《たけのこ》」。雨の降ったあとに筍がたくさん生えてくることから、同じようなことが次々と起こったり、現れたりすることだ。「学校の前にコンビニができたけど、裏にも開店したんだ。そしたら、駅前にも2軒できた。雨後の筍みたいだ」ってね。

「雨が降ろうと槍《やり》が降ろうと」は、どんな困難があっても実行するという強い意志を表した言葉だ。続く言葉は「必ずやる」とか「実行する」など。槍が降ることはありえないけど、それほど強い意志を表している。「降ろうと」を「降ろうが」ということもある。「石にかじりついてでも」は同じ意味だ。

「花発《ひら》いて風雨《ふうう》多し」は、花が咲く季節はとかく、風や雨が多く、せっかくの花を散らしてしまう、ということから、物事がうまくいきかけると、邪魔が入りやすい、という例えだ。

元は、中国の于武陵《うぶりょう》の漢詩「勧酒《かんしゅ》」の後半、「花発多風雨　人生足別離」(花ひらけば風雨多し、人生別離足る)からきている。作家の井伏鱒二がこれを「ハナニアラシノタトエモアルゾ、サヨナラダケガ人生ダ」と訳したのは有名だよ。

「遣《や》らずの雨」は帰ろうとすると雨が降り出して帰れない、まるで来客を引き留めるかのように降り出す雨のことだ。

友だちの家に遊びに行って帰ろうとしたら雨が降ってきた。「わっ、遣らずの雨だ」なんて言うと、物知りだと思われるかもね。

ミステリーハンターQの

歴男歴女養成講座

山本 勇

中学3年生。幼稚園のころにテレビの大河ドラマを見て、歴史にはまる。将来は大河ドラマに出たいと思っている。あこがれは織田信長。最近のマイブームは仏像鑑賞。好きな芸能人はみうらじゅん。

春日 静

中学1年生。カバンのなかにはつねに、読みかけの歴史小説が入っている根っからの歴女。あこがれは坂本龍馬。特技は年号の暗記のための語呂合わせを作ること。好きな芸能人は福山雅治。

ミステリーハンターQ（略してMQ）

米テキサス州出身。某有名エジプト学者の弟子。1980年代より気鋭の考古学者として注目されつつあるが本名はだれも知らない。日本の歴史について探る画期的な著書『歴史を掘る』の発刊準備を進めている。

征韓論

今回のテーマは、西南戦争の発端となった「征韓論」。鎖国中の朝鮮を武力によって開国させようとする思想だ。

MQ 前回、西郷隆盛を盟主とした西南戦争について調べたけど、その発端ともなった征韓論について勉強しよう。

勇 征韓論って、いまの韓国を征服しようということ？

MQ 明治維新を行った新政府は、隣国の朝鮮王国に、体制が変わったことを文書で通告したけど、通告文書の受け取りを拒否されたんだ。このため、西郷隆盛や土佐の板垣退助らが、朝鮮を攻撃するべきだと主張したのが征韓論だ。

静 朝鮮征服が目的だったの？

MQ 朝鮮を征服することが目的だったのか、朝鮮を攻撃して開国させることが目的だったのか、いまでも意見が分かれている。

ただ、不平士族の不満をそらすことや、それに伴って国内政治を改革するきっかけにしようという動きもあったんだ。

勇 その当時、朝鮮とは国交があったの？

MQ 近代国家としての国交はなかったので、新政府は国交締結の交渉をしたけど、なかなか進捗しなかった。

不平士族らは、弱腰外交だとしてしきりに新政府を攻撃し、征韓論がいっそう盛んになっていったんだ。朝鮮でも反日の気運が高くなった。

1873年（明治6年）、海外視察をしていた岩倉具視《いわくらともみ》や大久保利通、木戸孝允《きどたかよし》らが帰国して、いまは国内体制の充実を図るときで、時期尚早だとして征韓論に強く反対、新政府内部は対立したんだ。

静 結局、西郷らの征韓論は敗れたわけね。

MQ 岩倉、大久保らの内治優先論が勝って西郷、板垣、佐賀の江藤新平らは職を辞して下野し、新政府と袂《たもと》を分かってしまったんだ。これを「明治6年の政変」というんだ。

この結果、新政府では岩倉、大久保らが実権を握るようになる。そして、その翌年に江藤らが佐賀の乱を起こすんだ。

勇 朝鮮との国交についての交渉はそれっきりだったの？

MQ 1875年（明治8年）、日本の軍艦が朝鮮の江華島《こうかとう》という島の測量を行っていた際、朝鮮側から発砲され、それを機に島を占領するという江華島事件が起こる。新政府はこれに乗じて、朝鮮に圧力をかけて日朝修好条規を締結して、朝鮮を開国させたんだ。士族の反乱は鎮圧され、反政府側は自由民権運動にシフトしていくんだね。

「征韓論之圖《せいかんろんのづ》」という錦絵には、論争している風景が描かれているんだ。
帽子を落としながら話している人が、西郷さんらしいわ。

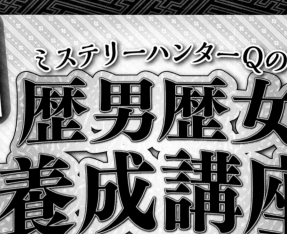

サクニュー！ ニュースを入手しろ！

Success News

▲PHOTO ハバナの革命宮殿で会談するオバマ米大統領（左）とキューバのラウル・カストロ国家評議会議長（2016年3月21日）写真：AFP＝時事

今月のKeyword▼

米－キューバ国交回復

アメリカとキューバは昨年７月、双方の大使館を再開し、1961年以来、54年ぶりに国交を回復しました。今年３月20日にはアメリカのオバマ大統領がキューバを公式訪問し、ラウル・カストロ国家評議会議長と会談、通商問題などを話しあいました。

これにより両国はこれまでの敵対関係から一転して、友好的な国同士となったわけです。

キューバはアメリカのフロリダ半島から南に約150㎞のカリブ海に浮かぶ人口1100万人あまりの島国です。

長くスペインの植民地でしたが、1902年に独立を果たしました。しかし、実質的にはアメリカの支配を受けていました。そうしたなか、反米勢力が台頭するなどしたため、アメリカの後押しを受けた軍人出身の政治家、バティスタが1952年にクーデターを起こし、親米政権を樹立しました。

しかし、バティスタ政権は独裁体制をとり、富を独占したことから国民の反感を買い、1959年、ラウル・カストロ議長の兄のフィデル・カストロ前議長らによるキューバ革命が起こり、バティスタはドミニカに亡命しました。

カストロは社会主義をめざし、翌年に社会主義国家であったソビエト連邦（以下、ソ連）と国交を結び、1961年にはアメリカと国交を断絶しました。

当時はアメリカとソ連による東西冷戦時代で、両大国は激しく対立していましたが、1962年、ソ連がキューバにミサイルを持ち込もうとしたことから緊張が一気に高まり、核戦争が起こるのではないか、と世界は緊張に包まれました。これをキューバ危機といいます。

キューバ危機は、ソ連がミサイル搬入を諦めたことで回避されましたが、アメリカはキューバに経済制裁を行い、キューバはいっそうソ連寄りとなって、対立は深まりました。

2009年に就任したオバマ大統領は、キューバとの国交回復を掲げ、水面下で両国が話しあった結果、昨年の国交回復、今年のオバマ大統領訪問が実現したのです。

国交回復の背景には1991年のソ連の崩壊に伴い、ロシアのキューバへの支援が難しくなったこと、アメリカも中南米への影響力を拡大したいことなどがあげられていますが、キューバには米軍の基地があり、一方でキューバは体制に反対する人を政治犯として拘束しているなどの人権問題もあり、両国が真に隣国として友好関係を築けるかどうかは、これからにかかっています。

サクセス書評　7月号

不思議な力を持つ「常野一族」の物語

今月の1冊

『光の帝国　常野物語《とこのものがたり》』

恩田 陸
光の帝国
とこのものがたり
常野物語
集英社文庫
恩田 陸
お43-1
光の帝国　常野物語
集英社文庫

『光の帝国　常野物語』

著者／恩田 陸
価格／495円＋税
刊行／集英社

日本を代表する民俗学者の柳田國男が1910年（明治43年）に発表した『遠野物語』という説話集がある。

これは、岩手県遠野市に伝わるさまざまな逸話や伝承を記したもので、日本民俗学の先駆けとも言われている作品だ。

その遠野市をモチーフにしたであろう、東北のどこかにある「常野」にルーツを持つ、不思議な力を持つ人々が登場する短編集が、この『光の帝国　常野物語』だ。

1話目の「大きな引き出し」には、常野出身の春田一家の物語が描かれている。春田家は両親と記実子、光紀姉弟の4人家族。

一家はある「力」を持っている。そのために、日々「しまう」ことを続けている。だが、小学4年生の光紀には、「しまう」ことの意味や、その行為がどうほかの人と違うのかがまだわかっていない。どうしてほかの人に自分たちができることを言ってはいけないかがわからない。

その力をうまく使うために毎日行っていることに、疑問を持ち始めた光紀の前で、近所のおじいさんが心臓発作で倒れ、そのまま帰らぬ人となる。そのとき、突如、光紀にあることが起きる。そして、春田一族が持つ力とは…。

『光の帝国』には、「大きな引き出し」を含め10の物語が収録されており、それぞれに特殊な力を持つ常野一族が登場する。

しかし、彼らはその力を悪用するようなことは決してなく、あくまでも現代の日本社会にひっそりと溶け込みながら、自分たちの使命を果たしている人たちばかり。

とはいえ穏やかな話ばかりではなく、悲しくつらいエピソードも登場する。でも、それがかえって一族の優しさを際立たせる。そんな短編集だ。

各話の登場人物がリンクする物語もあり、読み進めていくことで、1つの大きな「常野物語」が頭のなかにできあがっていくことだろう。

続編として、さらに過去の常野一族を描いた『蒲公英草《たんぽぽそう》紙《し》』と、今作に登場するある一家が主人公となる『エンドゲーム』が出版されている。

サクセスシネマ

VOL.77

SUCCESS CINEMA

1冊の本から始まる物語

インクハート／魔法の声

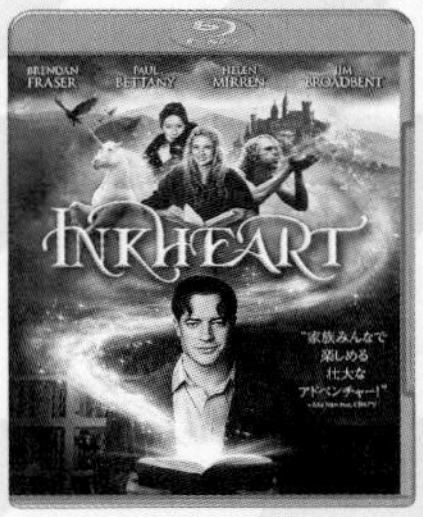

2008年／アメリカ
監督:イアン・ソフトリー

『インクハート／魔法の声』
価格:2,381円＋税　発売元:ワーナーホームビデオ

物語を現実にする魔法舌

読書をしていると、物語のなかに入りたい、本のなかの出来事が本当に起こったらいいのに、なんて思うことはありませんか。この映画は、本を朗読すると、その出来事が現実となる「魔法舌」を持つ男性のお話です。

「魔法舌」を持つモーは、ある本を探して、一人娘のメギーとともに旅をしていました。そのさなか、2人の前に怪しい男が現れ「本の世界へ戻せ」とモーに詰め寄ります。不信に思ったメギーは、父が隠していた「魔法舌」の能力、父が探し求める古書『インクハート』の秘密を知ることになるのです。そんな彼らのもとに本から呼び出してしまった悪の手が迫ります…。

「魔法舌」がもたらす出来事や悪役たちとの戦いなど、テンポのいい展開にぐんぐん引き込まれていきます。アーサー王の剣、シンデレラのガラスの靴など、有名な物語の"お宝"が随所にちりばめられ、さらには、本のなかの空想上の動物や登場人物も続々登場。みなさんは、何人のキャラクターを見つけられるでしょうか。本の世界が広がる1作です。

ネバーエンディング・ストーリー

1985年／イギリス
監督:ウォルフガング・ペーターゼン

『ネバーエンディング・ストーリー』
価格:1,429円＋税
発売元:ワーナーホームビデオ

共鳴しあう本と現実の世界

約30年前に世界中で大ヒットしたファンタジーアドベンチャーです。

本を読み、空想にふけるのが大好きな少年バスチアン。彼は、ある古本屋で、興味深い1冊の本と出会います。それは、「無」が世界中に襲いかかり、すべてを破壊してしまうという物語。そして「無」と戦える唯一の勇者アトレーユが、世の果てをめざし旅立つというものです。「無」とはいったいなんなのでしょう。

バスチアンは、まるで自分もアトレーユとともに旅しているかのように、本の世界にひたり、ときには声を出してアトレーユを応援します。すると、その声が彼に届いているかのような不思議な出来事が起こり始めるのです。

本作が制作された当時、ゲームが流行し、本を読まなくなった子どもたちの将来が危惧《きぐ》されていました。じつは「無」の襲撃は、そんな社会への1つの風刺でもあるのです。夢を見ることの大切さ、想像力を膨らませることの大切さを強く訴えかける作品です。徐々に明らかになる「無」の正体から、みなさんはなにを感じるでしょうか。

スパイダーウィックの謎

2008年／アメリカ
監督:マーク・ウォーターズ

『スパイダーウィックの謎 スペシャル・コレクターズ・エディション』
価格:2,381円+税
発売元:NBCユニバーサル・エンターテイメント

封印本がもたらす戦い

「決して読んではならない」という本を見つけたら、みなさんはどうしますか。

双子の兄弟、ジャレッドとサイモン、姉のマロリーは両親の離婚を機に、母とともに、大叔父・スパイダーウィックがかつて住んでいた屋敷に移り住みます。不気味な雰囲気の漂う屋敷のなかで、ジャレッドは『妖精図鑑』という本を見つけます。表紙には「決して読んではならない」という貼り紙と封印が…。ところが、好奇心旺盛なジャレッドはその封を解いてしまいます。すると間もなく、この本を狙う邪悪な妖精と手下のゴブリンたちによる襲撃が始まるのでした。

ゴブリンたちの醜い姿とは対照的に、花や鳥の妖精たちが、最新のコンピューターグラフィックスで精巧にいきいきと描かれており、映像美を堪能できます。ジャレッドたちが大きな鳥に乗って空を飛び回るシーンは爽快。ゴブリンたちとの戦いのなかで、ジャレットたち家族の勇敢さ、賢さ、そして家族愛も描かれており、感動を誘います。

原作は『スパイダーウィック家の謎』。5部作からなる人気の児童文学です。

身の回りにある、
知っていると勉強の役に立つかも
しれない知識をお届け!!

線路の幅　その1

今日の通勤は大混雑だったよ。

先生、電車で来てるの？

うん。都営地下鉄大江戸線を使ってるんだ。今日はすごく混んでてホントつらかった〜。

大江戸線って電車のなかが小さい気がする。気のせいかな。

その通り！　実際に車内はほかの地下鉄に比べて狭いんだよ。

やっぱり。ほかにもそんな小さい地下鉄ってあるの？

あるある。大阪市営長堀鶴見緑地線、大阪市営今里筋線、横浜市営グリーンラインなどなど…。いわゆるミニ地下鉄だね。

ミニ地下鉄？

そう、ミニ地下鉄。これはね、トンネルが小さめに作られているんだ。それに合わせて地下鉄も小さい。なぜ小さく作るかというと、トンネルを掘るのにお金がかかるから。それがこのミニ地下鉄の開発でエコになったわけなんだよ。

すごいんだね。

でもね、車両がミニだからといってすべてが小さいわけではないんだ。

どういう意味？

線路幅だよ。線路幅には決まりがあってね、日本の場合は、1067mm、1372mm、1435mmが使われている。このうち、1435mmを標準軌っていうんだ。この幅が世界では一番多いんだよ。でも、日本は世界に比べて土地が小さいこともあって、1067mmが多い。

どの電車がどのサイズの線路を使ってるんだろう？

資料によると…。

なんでそんなの持ってるの（笑）。

まあまあ…。例えば

〈線路幅1067mm〉JR在来線、東武電鉄、東急電鉄、西武電鉄、小田急電鉄、京王井の頭線、東京メトロ（千代田線、東西線、南北線、半蔵門線、日比谷線、副都心線、有楽町線）、都営地下鉄（三田線）、相鉄線、埼玉高速鉄道、東葉高速鉄道、つくばエクスプレス、名鉄、近鉄（一部路線）、南海電鉄など。

〈線路幅　1372mm〉京王本線、都営地下鉄（新宿線）、都電荒川線、東急世田谷線など。

〈線路幅　1435mm〉JR新幹線、東京メトロ（銀座線、丸ノ内線）、京急電鉄、京成電鉄、新京成電鉄、都営地下鉄（浅草線、大江戸線）、横浜市営地下鉄、北総鉄道、阪急電鉄、阪神電鉄、京阪電鉄、近鉄、西鉄、大阪市営地下鉄、名古屋市営地下鉄

すごいね。でもさ、都営大江戸線って小さいのに線路幅が大きいんだね。

よく気づいたね!!

なんで？

確か、エンジンじゃない、えっと…地下鉄を動かす力が…リニアモーターらしいんだ。だから、線路の間にフタがあるのを知ってるかい？

へ〜見たことないかも…。

そこには、コイルが入ってるらしい。

コイルで走るの？

そう、そもそも鉄輪式リニアモーターは電磁力を使って走るからね。

へ〜なんとなく難しいね。

高校で物理を学ぶと、もう少しわかるかもしれない。

もう1つ疑問がある。同じ都営地下鉄なのになぜ新宿線だけ、1372㎜なの？

そう、そこそこ！　今日のキミはするどいツッコミしてるね〜。都営新宿線だけなぜ違うのか？　これは京王線の歴史に関係があるんだ。

京王線の歴史？

そう。それは…次号へ続く。

高校受験 ここが知りたい Q&A

Question & Answer

Q

志望校の入試科目以外も勉強しなければいけませんか？

高校受験は私立校を第１志望にする予定です。入試科目は国語・数学・英語の３教科ですが、それ以外の科目も頑張って勉強しなくてはいけませんか？　できることなら入試科目に集中したいと思っているのですが…。

（千葉県千葉市・中２・HY）

A

３教科の勉強に力を入れつつ社会や理科の勉強も意識して。

この時期から志望校の方向性を定めているのはいいことですね。お尋ねの入試科目以外の受験勉強をどうするかですが、基本的には入試で課される科目の学習に注力するという方向で問題ないと思います。私立校は、おもに入試での得点が合否判断の材料となります。まずは入試科目できちんと得点できるように勉強を進めてください。

ただ、同時に公立校も受検するような場合、国語・数学・英語の３教科に加えて社会や理科も入試科目となります（一部の私立校、国立校も）。そのことを考えると、第１志望の私立校は３教科入試であったとしても、社会や理科の勉強もきちんとしておくことが望まれます。

公立校入試における社会や理科の問題は、基礎基本が中心ですから、学校の授業を大切にして、授業中にしっかりと内容をマスターすることを心がけましょう。そして、中間試験や期末試験などの際に試験範囲をきちんと押さえていくことが最良の準備となります。また、社会や理科の勉強で得た知識は、国語の論説文読解などに役立つこともありますので、基本的な知識をきちんと身につけるようにしましょう。

第１志望校の入試科目である３教科を中心的に勉強しつつ、社会や理科にもある程度は力を入れる。そうした適切な学習バランスを意識して、それぞれの科目の勉強を進めていってください。

Success Ranking

2017年卒業大学生就職企業人気ランキング

2017年卒業予定の大学３年生および大学院１年生（学年はアンケートを開始した2016年３月時点）約３万3000人を対象としたランキング。このなかに、知っている企業はどれくらい入っているかな？

文系総合ランキング

順位	企業名	得票
1	**JTBグループ**	1415
2	全日本空輸（ANA）	1104
3	エイチ・アイ・エス（H.I.S.）	1088
4	日本航空（JAL）	1042
5	三菱東京UFJ銀行	825
6	東京海上日動火災保険	817
7	三井住友銀行	781
8	電通	742
9	博報堂/博報堂DYメディアパートナーズ	661
10	みずほフィナンシャルグループ	658
11	損害保険ジャパン日本興亜	648
12	日本郵政グループ	642
13	東日本旅客鉄道（JR東日本）	605
14	資生堂	550
15	オリエンタルランド	548
16	トヨタ自動車	529
17	第一生命保険	527
17	バンダイ	527
19	サントリーホールディングス	469
20	日本生命保険	464

理系総合ランキング

順位	企業名	得票
1	**味の素**	343
2	東日本旅客鉄道（JR東日本）	310
3	資生堂	308
4	トヨタ自動車	299
5	サントリーホールディングス	283
6	カゴメ	262
7	明治グループ（明治・Meiji Seika ファルマ）	260
8	NTTデータ	248
9	山崎製パン	236
10	ソニー	235
11	日立製作所	212
12	キリン	210
12	パナソニック	210
14	東海旅客鉄道（JR東海）	208
15	アステラス製薬	207
16	三菱重工業	201
16	三菱電機	201
18	積水ハウス	190
19	江崎グリコ（グリコグループ）	188
20	アサヒビール	187

参考：2017年卒マイナビ大学生就職企業人気ランキング　※日本経済新聞社と共同で実施

受験情報

Educational Column

15歳の考現学

いよいよ始まるアクティブラーニング
選択肢の1つとしての魅力も

私立 INSIDE

私立高校受験

志望校選び
受験生の眼、保護者の眼

公立 CLOSE UP

公立高校受検

都立一般入試の改革で
なにが起こったか

BASIC LECTURE

高校入試の基礎知識

知っておきたい
高校入試用語辞典下

東京

理数研究校、西・新宿など24校を指定

東京都教育委員会は5月9日、**西**や**新宿**、**立川**など、理数研究校に指定された24校を公表した。指定期間は2016年（平成28年）4月1日から2017年（平成29年）3月31日までの1年間。理数に興味を持つ生徒の裾野を広げるとともに、都立高校の特色ある教育活動を支援する。

指定された24校は、高校が**江北**、**葛飾野**、**六本木**、**広尾**、**つばさ総合**、**八丈**、**小笠原**、西、**調布北**、**目黒**、新宿、**世田谷総合**、**北園**、**武蔵丘**、**農芸**、**豊島**、**町田**、**成瀬**、**八王子北**、立川、**府中東**、**武蔵**、**小金井北**と、**小石川中等教育学校**。

理数研究校では、専門知識を有する大学（院）生からの指導・助言や理数教育に関する先進校などとの交流により、理数に興味のある生徒の能力を伸長する。また、科学的に探求する能力や態度を育成するための特色ある教育活動を実施する。

各種科学コンテスト、科学の祭典（研究発表会）や科学の甲子園東京都大会への参加も取り組み内容に含まれている。

「東京都育英資金奨学生」700人を予約募集

東京都育英資金貸付事業を実施している東京都私学財団は、2017年春に高校または専修学校高等課程へ進学予定の中学校3年生を対象に奨学生の予約募集を行う。奨学金は無利子、採用候補者予定人数は700人程度。

高校奨学金予約募集は、勉学意欲がありながら、経済的理由により高校への修学が困難な生徒を「東京都育英資金奨学生」の採用候補者として選考のうえ、あらかじめ登録するもの。都内に住所があり、平成2017年4月に「高等学校」または「専修学校高等課程」に進学を希望する中学校3年生を対象に募集する。なお、進学先の学校は、他県に所在する学校も対象となる。

貸付期間は、2017年4月より在学する学校の修業年限までで、貸付月額は国公立が1万8000円、私立が3万5000円程度の見込み。貸付終了後、6カ月経過後からおおむね11～13年間で返還する。

申込み方法は、在学する中学校で申込み書類を受け取り、在学校を通じて各学校で指定する締切日までに申し込む。

Educational Column

15歳の考現学

いよいよ始まるアクティブラーニング
選択肢の1つとしての魅力も

森《もり》上《がみ》 展《のぶ》安《やす》

森上教育研究所所長。1953年、岡山県生まれ。早稲田大学卒業。進学塾経営などを経て、1987年に「森上教育研究所」を設立。「受験」をキーワードに幅広く教育問題を扱う。近著に『教育時論』（英潮社）や『入りやすくてお得な学校』『中学受験図鑑』（ともにダイヤモンド社）などがある。教育相談、講演会も実施している。
HP：http://www.morigami.co.jp
Email：morigami@pp.iij4u.or.jp

アクティブラーニング推進校に都立15校を指定

都立高校では、本年度からの「新実施計画」として「学習指導要領改訂」に先立って「アクティブラーニング」校15校を指定、導入します。

みなさんは、この「アクティブラーニング」という言葉をよく耳にするようになったと思いますが、これから都立高校を受検されるみなさんにとっては、ここにもう1つ学校選びの基準ができる、ということでもあります。

もっとも、この「新実施計画」は本年度から向こう3年間のものですので、４年目すなわち、２０１９年（平成31年）からは「アクティブラーニング」実施校として、おそらくもう少し多くの都立高校が指定され、やがて全都立高校で実施されることになるのだと思います。

現在の中学生のみなさん方にとって、大切な学校選びの指標ではあっても、その後の現在小学5年生以下の生徒にとってもそうだ、ということではないのです。全校で実施されることになれば、他と差別化される、指定のメリットはないからです。つまり、まさに本誌を手にとっている中学生にとって、アクティブラーニング実施の都立15校は、期間限定商品とでもいうところでしょう。

先生主体の授業から生徒主体の参加型授業に

少し説明しておきます。新学習指導要領はいまの小学校4年生から完全実施です。現行と大きく違うことは教える知識の内容ではなく、教える方法が変わる、ということです。

その核心が、アクティブラーニングというカタカナ言葉で表現されている指導法ですね。

アクティブラーニングを日本語に表記する場合、最も似つかわしいとされているのが「協働学習」といわれるものですが、先生主体の講義形式の授業から生徒主体の参加型授業に転換していこうという趣旨です。

こうした授業は、現在、小・中学校では一部行われてきました。つまり、小・中学校では取り入れやすかったのですが、高校からは取り入れにくい授業方法でした。

なぜなら、大学入試が間近に迫り、それに対応するための「知識の量」について、講義形式なら効率的に指導できるからです。

では大学入試を控えた高校生に、

その効率の悪い指導法を導入して、大学入試に不利にならないか、という疑問がみなさんに出てくるのではないでしょうか。

これは、じつはいまの中学生も、高校受験を控えているので、むしろまったく同じ事情の下にある、といってよいと思います。

例えばアクティブラーニングでは、PBLという指導方法を導入します。PBLというのはプロジェクト・ベースド・ラーニングの略で、なにかのプロジェクトを想定して、そこに生徒1人ひとりが実際に参加して学ぶ方法です。

お金のことを学ぶのに証券マンや銀行員になったと仮定して、取引事例をなぞったりする授業が新聞などでよく紹介されていますが、そういった実際に則し、その立場に立って各々が考えるところにPBLのおもしろさと、深さがあります。

当然、ゲームのように各々が振舞うのですから、勉強というより、楽しんで参加している、という具合になります。グループごとに事例、立場を変えて、必ず自身の考えで参加せざるをえませんので、1人で、ただ座って見ているというわけにはいきません。参加せざるをえない授業形態なのです。

教師は教えるのではなく、各グループをめぐりながら、横に位置して、参加していない生徒をサポートし、なにがなんでも参加させる役割になります。英語でこれをファシリテーターと呼びます。文字通りティーチャーからファシリテーターへの役割の変化が、教師にも求められているのです。

生徒もPBLの授業は受け身では成り立ちません。

体験型の授業では、まとめてみんなの前で報告したり、議論したり、ということがセットになっていて、あくまでも得た知見を共有していくことに重点をおいています。

そのためには、正確な知識をもとに、相手に理解されるよう論理的に、そして平明に説明したり意見表明したりする工夫が求められます。

それを、必ずグループで、相互に内省しながら進めていくことが求められます。

しかし、必ずしもうまくいくとは限りません。そこでまた、ファシリテーターの登場です。適確な指示を与え、議論をよい方向に導くコーチの役割も担います。

ときには、各グループの話しあいを中断して全員に呼びかけ、一度目を転じさせて、ファシリテーターが「こういう議論をしているチームがあるが、どうだろう」と一斉指導をすることも必要となります。

効率だけでは論じられない「知識を活用する力」の習得

そこで「効率」ということに戻りますが、確かにグループでの進行は、自分だけの考えで進めるわけにはいかないので、あくまでも相手の了解と合意を取りつけながら、時間をかけて進めなければなりません。

きっと、よくわかっていることでは、とてもまどろっこしい、と感じられることでしょうし、「本1冊読んだ方が早いんじゃないか」とも感じることでしょう。

確かにそんなことでは大学入試に間に合うとも思えませんね。

アクティブラーニングの先進国は、アメリカとオーストラリアです。アメリカの場合、議論することや調べておくことは、事前に準備してくる、いわゆる「反転学習」が相当いきわたっていると聞いています。

うまく進むとそのように自分でやることと、みんなでやるべきことが区別されて、効率の部分は解消されていくのでしょう。

それには、やはりファシリテーターとなる教師に、授業のカリキュラムについて周知がなされ、かつ、生徒にそうした習慣を促すだけの指導力が必要とされるでしょう。

では、プラスの面はなにか、というと、やはり自分1人の学習ではなくグループやクラスの集合知の形成を伴うものですから、いわゆる知識だけが身につくのではなく、その知識をどう活用するか、というスキルが身につくことです。

具体的には調べたり、共通の知識を得たりするためにICT（情報通信の技術）のスキルが一定程度必要ですので、アクティブラーニングの授業校は、ICT機器の授業での活用は前提といえます。

さて、以上は都立校の話ですが、私立でのアクティブラーニングも、かなり導入が進んでいます。おそらくこういった学校の説明会に行く機会があればアクティブラーニング体験会もあると思いますので参加してみましょう。

新しい選択肢が生まれた高校入試で、自分の学び方に合った学校が見つかりやすくなったと思います。これはとてもよいことなのです。

私立
INSIDE

志望校選び
受験生の眼、保護者の眼

「志望校を選ぶのは難しい」、保護者のみなさんからよく聞かれる言葉です。遅くとも中学3年生の9月までには、志望校を決めたいところなのですが、その9月が近づけば近づくほど悩みが大きくなっているのではないでしょうか。今回は、志望校選びの最近の傾向について、保護者の視点からも考えてみましょう。

高校生活が「楽しいか」に焦点が向く受験生の眼

6月なかばから、各私立高校の学校説明会が盛んに催されるようになります。受験生は、関心のある学校や、好きな部活動がある学校などに足を運ぶことになるでしょう。

受験生の関心は、自らの学校生活に直結することに向いています。

「部の活動状況（厳しくないか）」「関心のある運動部が強いか」「土曜は休みか」「宿題は多いか」「服装などに厳しくないか」などを優先して観察してきます。

もちろん、自分の学力とその学校の偏差値を比べてみたりはしますが、初期の学校説明会で見ているポイントは、学校生活が楽しく送れそうか、につきます。

一方、保護者の関心は「学力」に向いています。

中学受験とは違って、保護者が各校を回る姿は多くはありませんが、わが子の関心に合わせ、その高校をインターネットで調べ、評判を聞いたりと大きな関心を寄せています。

「あなたの気持ちを優先させていいのよ」とは言いながら、心配でたまらないのです。保護者が調べているのは、偏差値、補習・講習の有無、その内容、大学合格実績などです。

保護者自身が有名大学を出ている場合などは、自分の母校の大学に多くの合格者を出している高校を無意識のうちに探したりするものです。

わが子の志望校を選ぶ基準に、ついつい私情がまじってしまうのです。

このようなことが、親子のギャップにつながり、秋口になって、受験生自身の考えや希望と、保護者の気持ちが乖離《かいり》することになると、受験生活の大事な時期に停滞を生むことにもなりかねません。なるべく早い時期に家族会議でお互いの考えをぶつけるようにしましょう。

保護者の眼が向いている大学の「指定校推薦」

いま、保護者が大きな関心を持っているのが、「指定校推薦」です。これは、その高校の校長先生の推薦で、大学入試を受験することなく大学に進むことができる制度です。

私立に限らず、高校は日ごろの高校での学習態度、成績が優秀な生徒を、一定の大学へ自ら推薦できるのです。大学は、過去の卒業生の実績や各高校の偏差値に照らして「指定校」を決めています。「おたくの高校

からは、こちらの大学の○○学部に1人、△△学部にも1人推薦してください」というわけです。

最近、学校説明会で、「どのような大学への推薦枠があるのですか」という質問が、受験生から出るようになりましたが、保護者からの代行質問のようにも見えます。

保護者自身の世代が、指定校推薦で、上位の大学へ進学した経験者が増えてきたころにもあたります。

指定校推薦には、コストパフォーマンスのよさもあります。なにしろ、大学進学に必要な塾などの費用が秋以降はかからないのですから。

せっかく志望する高校に合格したとしても、大学受験で失敗してしまったのでは、元も子もないとの考えもあるでしょう。難しい進学校の下位にいるよりも、中堅の高校の上位にいて、指定校推薦での大学進学を狙う方が得策、という姿勢です。

このように見てくると、指定校推薦は、いいことづくめのように見えますが、落とし穴もあります。

指定校推薦を受けられるのは、高校のごく上位の成績優秀者です。

高校生活では、ある意味、息をつくヒマもない学習態度を要求されますし、3年生の2学期の中間試験まで、毎回の定期試験で上位をキープしていなければなりません。欠席数も評価のうちに入ります。

一度の定期試験を発熱で休んだために下位に甘んじたことで、一気に高校生活での張り合いをなくしドロップアウトしてしまった、などの例もあります。

また、指定校推薦といっても、やはり難関と言われる大学からの枠は少数です。希望の学部は推薦をのがして、「○○大学」という名前だけで意に染まない学部に進むことになり、大学生活をエンジョイできなかった、ということも起きています。

とくに気をつけたいことは、やはり、指定校推薦の大学よりは、受験して進学する大学の方がレベルが高い傾向にある、ということです。

受験で頑張れば、もっと上位の大学に進めるかもしれないのに、ワンランク下の大学を選んでしまう、というのが指定校推薦なのです。

高校の進路担当の先生から「あの子、もったいないなあ」とか、「実力あるのに、推薦に逃げちゃった」などという言葉がもれるのは、この指定校推薦のことです。

ただ、自分の性格が「本番に弱い」「一発勝負は苦手」とわかっているなら、指定校推薦を選んだ方がよいかもしれません。

大学推薦枠があるかが志望校選びの基準ではない

このように、大学進学が少しでも有利な高校を志望校として選ぶ保護者が増えています。系列の大学がある学校を選んでおき、難関上位の大学進学に失敗しても、系列大学を保険として押さえておくという考えにも通じています。

しかし、いま大学進学は保護者の時代よりは、はるかに易しくなっています。

大学入試では、指定校推薦のほかにも、AO入試、一般公募推薦、その大学で試験を受けなくてもいい大学入試センター試験利用入試など、じつに多様な入試形態があります。

大学によっては4～5回といった複数回の受験が可能です。

難関と呼ばれる私立大学でも、推薦入試による合格者の割合が高く、多くを推薦入試で合格させている大学もあるほどです。

つまり、以前と比べ、大学に合格する可能性は高くなっています。大学入試に関しては、それほど心配する必要はないのです。

大切なことは、いま目の前にある高校の志望校選びです。わが子にマッチした高校を選んであげることです。

大学合格実績が高い高校は、よい高校に思えますが、じつは徹底的な詰め込み教育なのかもしれません。

このような高校には、毎日長時間勉強するのが苦手な子は向きません。マイペースがいい、という子にも不向きです。

逆に、生徒の自主性に任せ、生徒個々の勉強にあまり関心を向けない高校もあります。言われたことはしっかりできても、自ら課題を見つけ、進んで勉強することが苦手な子には、このような高校は向きません。

大学進学という、3年後のことも確かに大切です。

しかし、まずは高校受験という目の前のハードルに挑戦することの方がはるかに大切です。その高校がどういう特徴を持っていて、子どもをどのように伸ばしてくれるのかをしっかりと見極めましょう。

まずは、学校説明会に参加した受験生が、目を輝かせて、その学校の印象を話すかどうかに気持ちを向けてください。わが子に合った高校を選ぶことが一番大切なことです。

都立一般入試の改革でなにが起こったか

安田教育研究所　副代表　平松　享

今春、都立高校は一般入試の選抜方法を大きく変えました。過去に、同じような変更があった年には、日程の早い私立高校に進学する生徒が多くなるなど、混乱がありました。今回はどんなことが起こったでしょうか。変更の影響を中心に、今年の都立入試の結果をまとめます。

都立志向変わらず 推薦は倍率低下

昨年12月に行った「志望予定調査」では、都立全日制の平均志望倍率は1・33倍と、過去最高だった4年前と同じ値にとどまりました。3年前からの志望倍率の変化を調べると、わずかずつ私立が伸びていますが、都立第1志望者の割合は、都内公立中学校3年生の約71%と高い値のままでした。

都立入試の幕開けとなる推薦入試の定員は、一般を含めた全募集人員の5分の1以上、９０００名強にのぼります。今年の平均倍率は3・03倍で、2年続けて低下しました。

推薦入試は3年前に選抜方法を大幅に変更し、同時に推薦枠を縮小しました。最近は、低下の傾向がはっきりしてきました。

集団討論や小論文などの準備に時間を取られることが、受検生には、受けにくい原因の1つになっているようです。

不合格者数最多 人気の普通科学区校

一方、一般入試では、応募者数、受検者数ともに、この5年間で最多の人数でした。さらに、不合格者数でも、総計1万３３８７名と、現在の入試制度に変わった１９９４年（平成6年）以降で、最多数を記録しました。

不合格者数を、普通科旧学区校と専門等（コース、単位制、商業等）に分け、それぞれの割合を調べると、今年は普通科学区校が77・6%と、最近5年間で最も割合が高く、また、旧学区校の不合格者を男女に分けると、女子が男子を上回りました。

都立校全体の実質倍率は1・42倍で4年前と並んで過去最高をマークしました。

高倍率校に警戒感 上位校の男子が激減

左ページのグラフでは、旧学区の不合格者数を、受検した学校の合格基準偏差値（㈱進学研究会Vもぎ）で7つのレンジに分け、一昨年からの推移を示しました。

レンジ別に調べると、男子は、65以上と60以上の上位2つのレンジで減らしています。これに比べて、上位の女子の減少は緩やかです。

中央から右の55未満のレンジでは、男女ともに不合格者数を大幅に増やしています。

【表1】では、進学指導重点校と旧学区にある進学指導特別推進校の不合格者数の前年増減を示しました。

進学重点校の合計は、男子は前年より260名も減らしています。とくに**日比谷**…83名減、**立川**…65名減、**戸山**…50名減がめだちます。一方、女子は43名減にとどまっています。

旧学区内にある特別推進校では、男子は減っていますが女子は増えています。

上位では、男子が高倍率の続いていた都立校に強い警戒感を抱き、大きな不安のなかで受検に臨んでいたことがわかると思います。

変更点ごとの影響　国際と晴海総合で減少

ここからは選抜方法の変更点ごとに影響を調べてみましょう。

〈3科→5科〉学力検査の科目数が、3科から5科に変わった学校は28校あり、応募者は前年→今年で、321名減りました。ただし、減った学校は、**国際**…162名減、**晴海総合**…44名減など特定の学校です。

この2校を除くと、専門等の減少は106名で、旧学区校への志向の高まりが原因と考えられます。

〈5対5→7対3〉学力内申比を5対5から7対3に変えた学校は、のべ27校で、応募者は86名減っていますが、取り下げ再提出の件数が増えている様子から、受検生が倍率の低い学校へ移動したためと考えた方が合理的です。

〈6対4→7対3〉学力内申比を6対4から7対3に変えた学校は、のべ59校で、応募者は旧学区では、逆に増加しました。専門等ではほぼ増減なく、安全志向で移動したとみられます。

〈傾斜配点の廃止〉学力検査で3教科への傾斜配点を止めたのは**新宿**と**国分寺**の2校で、変更により応募者数は増えています。上位校からの移動が多くあったようです。

ここまでは変更による影響はほとんど見られません。

特別選考の廃止　「実技2倍」の衝撃

〈特別選考の廃止〉62ページの【表2】では、特別選考を実施していた学校のうち、学力点のみで合否を決める枠を持つ学校（偏差値60以上、男子）を示しました。

8校の応募者の合計は、前年2051名→今年1741名で、310名を減らしました。

とりわけ、学力重視の都立校として、早くから特別選考を実施していた日比谷にとって、この影響は大きかったようです。

特別選考のルールは、学校によって異なりますが、日比谷の場合、合格者は①募集人員の9割を総合成績順に決定（9割選考）②残りのものから、学力検査得点（国数英の得点

レンジ別不合格者数推移

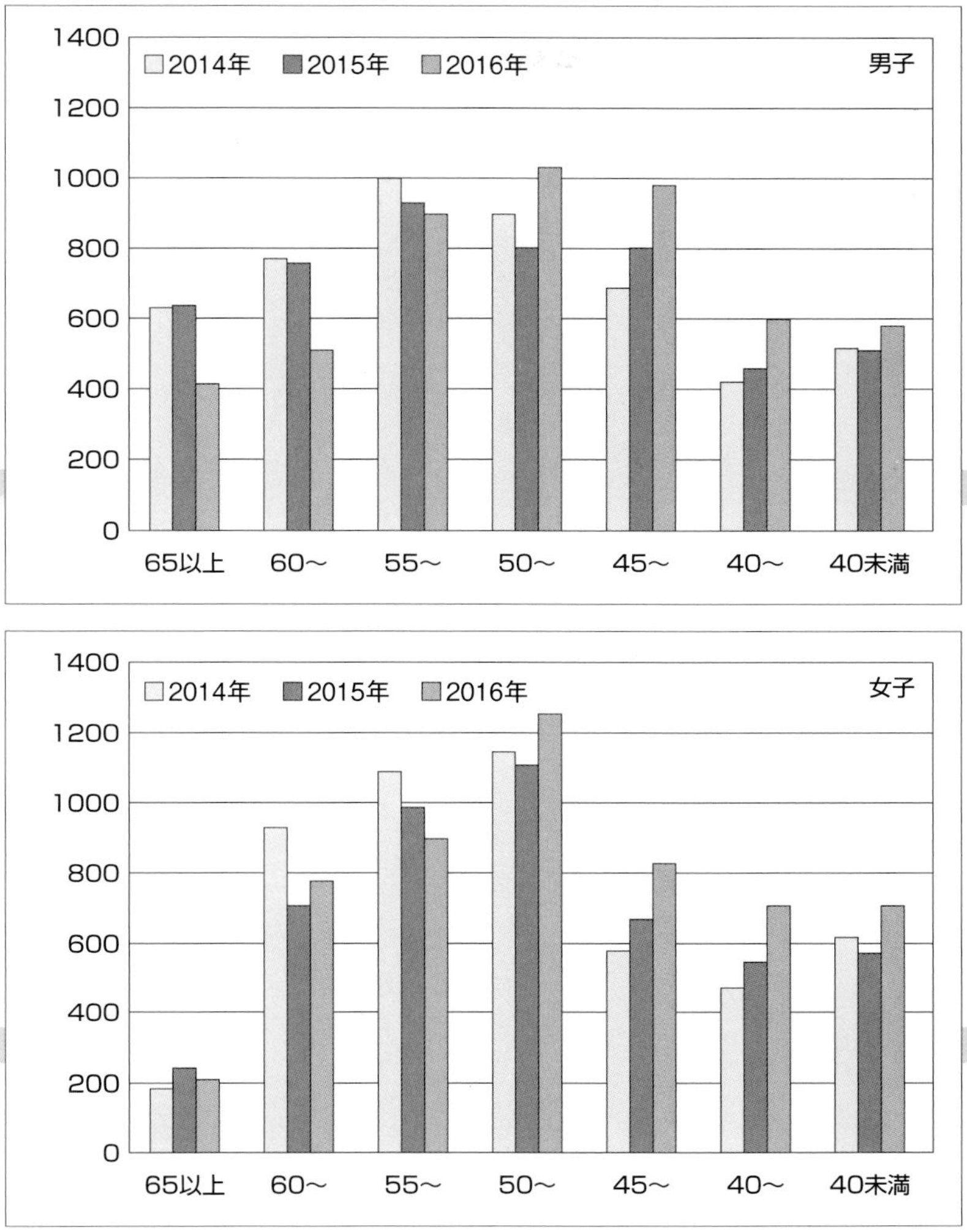

【表1】不合格者数の前年増減

学校名	男子	女子
日比谷	−83	−15
戸山	−50	−24
青山	−21	−4
西	−19	−19
八王子東	−16	16
立川	−65	5
国立	−6	−2
重点校計	−260	−43
小山台	−13	−7
駒場	−32	−2
町田	−11	35
特推校計	−56	26

を2倍＋理科社会の得点）順に合格者を決めます（1割選考）。これで、国数英に強い、大学受験の潜在力の高い生徒を集められるという利点がありました。

また日比谷は、合格後の辞退者が多く、手続き者が定員を下回らないよう、毎年、合格者を多めに（水増して）発表しています。そのぶんも1割選考で合格者を決めるため、昨年の場合、特別選考での合格者は52名まで拡大し、一般合格者の約19％にのぼりました。

昨年までは、これをあてにした受検生も多かったと考えられます。今年、日比谷男子の受検者数は激減しました。受検倍率は1・89倍と、11年ぶりに2倍を割っています。

さらに、今回の変更では、調査書点の換算で、実技教科を1・3倍から2倍に変えました。これが、受検生の不安をかき立てたようです。

独自問題作成校では、難問の並ぶ国数英で、高い得点を取って低い内申を逆転するのは至難の業です。独自作成校の応募者数は、前年より男子が３４７名減、女子は１４２名減と、大きな影響を受けました

一般的に実技教科の内申は、男子が女子より低くなる傾向があります。オール３～オール４の範囲では、女子の内申が４科計で、平均1ポイントほど高くなることが模擬テストの調査でわかりました。上位の男子が強い警戒感を抱いた原因がここにあります。

【表2】特別選抜廃止校（偏差値60以上・男子）

学校名		応募者数	倍率	不合格者数
日比谷	前年	432	3.25	175
	今年	335	2.52	92
戸山	前年	367	2.76	157
	今年	312	2.35	107
西	前年	292	2.20	96
	今年	282	2.12	77
両国	前年	64	2.06	29
	今年	43	1.39	5
町田	前年	202	1.52	47
	今年	184	1.38	36
立川	前年	276	2.08	117
	今年	208	1.56	52
武蔵野北	前年	154	1.54	45
	今年	136	1.36	26
国立	前年	264	1.98	89
	今年	241	1.81	83
合計	前年	2,051	2.21	755
	今年	1,741	1.87	478

直前には、内申が足りない生徒に、逆転に必要な学力検査の目標得点を示して、受検生の指導にあたる塾が少なくありません。

しかし、今年は不安心理が先行して、攻めの姿勢がとりにくかったようです。

学力上位生の行方 来年度は？

それでは都立上位校の志望者はどこに行ったのでしょうか。調べてみると、推薦入試を行った上位私立校の受験者が増えたことがわかりました。

男子では、**青山学院**、**中大杉並**、**中大附属**、**早稲田実業**など。女子では、**慶應女子**、青山学院、中大杉並、中大附属、**江戸川女子**などが増え、帰国生入試では、**国際基督教大高**が増えています。

一般入試では、国立校の**東京学芸大附属**の男子が、前年の４８７名から５７７名に、**筑波大附属**の女子が１６０名から１７９名に、また、**お茶の水女子大附属**が３５１名から４１１名に増えています。

過去の例からみると、来年度からは、こうした警戒感が薄れて、変更前の状況に少しずつ戻っていくと考えられます。

ただし、特別選考廃止など、大きな影響の出た学校では、すぐに戻るとはいえないでしょう。それほど「実技2倍」の衝撃は大きかったようです。

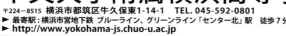

子どものこころ
SOS
子どもの気持ち感じていますか？
精神科医
春日武彦 著
Takehiko Kasuga
大人の知らない「子どものこころ」
グローバル教育出版

知っておきたい高校入試用語辞典 下

前回から2回にわたり「高校入試用語辞典」をお届けしています。これからの受験生生活で「聞いたことはあるけれど、意味がちょっとわからない」という言葉は多く出てきます。また、保護者の方の受験生時代にはなかった言葉もあります。そんな言葉が出てきたらこのページを開いてみてください。

■書類選考型入試

面接や学力試験を課さず、調査書や模擬試験の結果などの出願書類のみで選考する入試のこと。神奈川県の私立高校から始まり、受験生の負担が少ないことから歓迎され、他都県にも広がりを見せている。

■シラバス Syllabus

それぞれの学校で、学習について具体的に「いつ、なにを、どのように」進めるかを明記した冊子。語源はギリシャ語。「授業計画・進行計画書」と訳される。生徒側は年間の授業予定のうち、いま、なんのために、どこを学んでいるのかがわかりやすい。日本では大学から導入が始まり、中学・高校に広がった。

■推薦入試

その学校から示された推薦の条件（推薦基準）を満たしたうえで、在学している中学校長の推薦を受けて受験する。

私立高校では、推薦入試を受験できる基準は各校により異なる。原則として学力試験は課さず、調査書や面接などで総合的に判断して合否を決める場合が多い。私立高校のなかには、中学校長の推薦を必要としない推薦入試や自己推薦を認めている学校もある。対する入試として「一般入試」がある。

公立高校では東京都立がこの方式を採用しているが、他の各県の公立高校では、近年、学力検査重視へと移行しており、推薦入試を廃止するところが多くなっている。

■スライド合格

1つの学校には色々な「科」や「コース」があることが多いが、難度の高い、例えば「特進コース」を受験した場合、不合格でも同じ学校の1ランク難度が緩い、例えば「進学コース」に合格の資格が与えられること。

■前期選抜・後期選抜

推薦入試を自己推薦型に切り替えた公立高校は、全員参加型に近い入試となり、受検機会は実質的に2回ある。このタイプは、従来の推薦入試である自己推薦型の入試を前期選抜、従来の一般入試を後期選抜と呼び、実質的に前期・後期制方式をとるようになった。近年、前期選抜でも学力検査を実施する県が増えてきたが、さらに進んで前期・後期制を

廃止し学力検査に一本化するところも（埼玉県、神奈川県など）多くなってきた。

■専門学科高校

専門（学科）高校は、専門学科を持つ高校で、以前は農業・水産・工業・商業・家庭（被服・食物）・厚生・商船など、職業にそのまま結びつくような学科を持ち、職業高校とも呼ばれていた。近年の専門学科高校には、音楽・美術・体育などの芸術やスポーツに関する学科や、国際科・英語科などの外国語に関する学科もある。また、理数科のように、主要教科を、普通科よりもさらに重点的に学ぶ学科もあり、進学型の学科、学校として人気が高い。専門学科高校のなかには複数の学科やコースを持つ学校があり入試も別。

■総合学科高校

総合学科高校は、普通科、専門学科に次ぐ第3の学科高校として注目を集め、増加傾向にある。

1年次には共通必修科目を学んで、生徒個々の進路や興味、関心を明確にさせ、2年次以降は、生徒個々がさまざまな部門の学習系列を選択し、その系列に沿って、具体的な科目を選択する。

■単位制高校

学年で取得する単位が決まっておらず、生徒個々が3年間で必要な単位を取得していく。必修科目、選択科目のなかから、学年の枠を越えて必要な科目、興味や関心のある科目を選ぶことができるが、時間割を自ら作るため、安易に走ると学習習慣が身につかない。

■チームティーチング

1クラスの授業を2人以上の教員がチームを組んで教えること。英語の授業でネイティブの先生と日本人の先生が組んだり、理科の時間に講義担当と実験担当の先生が組む例が多い。

■中高一貫教育校（中高一貫校）

中高を合わせた6年間、一貫した教育方針で、人間性と学力を養おうという教育目的がある。

中高一貫教育校を、これまでの中学校、高等学校に加えることで、生徒1人ひとりの個性をより重視した教育を実現することをめざして、1999年（平成11年）4月、学校教育法等が改正され、制度化された。

高校入試を実施して、高校からの生徒を受け入れる学校は少なく、公立で中高一貫校が増えてきたため、その都県の公立高校募集定員が減ってしまう現象も伴っている。

■調査書（内申書）

受験生の中学校の学業成績や生活・活動などが記載されている。中学校の担任の先生が作成する。公立高校の一般入試では点数化され、合否判定の基準となる。

私立高校では、「調査書は受験時に参考にする程度」「ボーダーラインのときには評価の対象とする」「点数化して評価の対象にする」「通知表のコピーでも可」「不要」など学校によって異なる。

■電子黒板

私立高校を中心に普及してきた、デジタル機能を有する黒板。ホワイトボードタイプだが、書いた文字の印刷機能、データの取り込み機能があり、大型ディスプレイやプロジェクタで、画面を切り替えられる機能を持つものもある。

さらに、ＩＷＢ（インタラクティブ・ホワイトボード）と呼ばれる電子黒板は、「コンピュータ画面の表示」「表示したボード（黒板）への書き込み」「書き込んだ内容のコンピュータへの取り込み」など、双方向の機能を持っている。書き込みには、指や専用の電子ペンを使用する。

教育現場では、対話型の授業に有効で「アクティブラーニング」に適するため、採用校が増えるものと思われる。ＩＷＢは、授業や共同作業の時系列での記録や映像の再生も可能。複数端末で共有することもできるため、問題の一斉配信や一斉回答、離れた場所との同時授業も行える。

■特待生制度

入学試験や日常の成績が優秀な生徒に対して、学費の一部や全額を免除する制度。

基本的に成績優秀者の学校生活が、経済的な理由で損なわれないようにすることが目的。学費の免除という形をとる場合が多い。返済の義務は課されないことがほとんど。

私立高校では、入試得点で特待生を選ぶことも多いが、この制度を設けていることを募集対策の一環とする学校もある。

■2学期制

学年期を2期に分け、9月までを

1学期、10月からを2学期（前期・後期と呼ぶ学校もある）とする学校がある。始業式、終業式や定期試験の日数が減り、授業時間が確保できる。理解の確認は小テストを多くするなど各校で対応している。

■入試相談・個別相談

12月なかばから中学校の先生が私立高校へ出向き、高校の募集担当者と、受験生の合格可能性を相談する制度。生徒の氏名・内申・偏差値を提出し、単願、併願の出願について具体的に相談する。多くの場合、私立高校から中学校に基準が提示され、基準に合う生徒はほぼ内定となり、これを「単願確約」「併願確約」という名称で呼ぶ。

首都圏では、埼玉県の私立高校はこの制度を実施できないので、中学校の先生を介さず、生徒、保護者が直接、私立高校と相談する個別相談が行われている。

■パーソナルプレゼンテーション

東京都立高校・総合学科推薦入試の一部で、個人面接として採用されている検査。発表を通して自己の個性、能力、意欲等を表現する。似た検査として面接の冒頭2分程度で自己PRを課す都立高校もある。

■倍率

志願倍率（応募倍率）と実質倍率の2種がある。志願倍率とは、志願者数を募集人員（定員）で割ったもの。入試前に、競争率の参考にできる。しかし、志願しても実際は受験しなかったり、募集人員より多くの合格者を発表したりする学校があるので、実際の受験者数を合格者数で割ったものが実質倍率と呼ばれる。実質倍率は入試結果が出たあとに算出が可能になる。

■半進学校

進学校的大学附属校。大学附属校でありながら、系列の大学以外の大学への進学志望者が多く、そのための受験体制も整っている高校のこと。「半附属校」も同じ意。

■評価

高校入試で扱われる調査書のなかに、「各教科の学習の記録」という欄があり、観点別の学習状況の評価がABCの3段階で記入されている。例えば国語の観点別は「言語についての知識・理解・技能」「読む能力」「書く能力」「話す・聞く能力」「国語への関心・意欲・態度」の5観点となっている。都立高校の推薦入試では、調査書のうち、この観点別学習状況の評価（37観点ABC）、または後述の評定のどちらかを、各校がそれぞれ選んで選抜の資料としている。

■評定

9教科それぞれの5段階評価。調査書のなかに、各教科の学習の記録が記載されている。そこに評定欄があり、1～5の5段階で各教科の点数が記入される。これを評定点（内申点）と呼ぶ。5点×9教科で45点満点。

■部活動加入率

在校生徒のうち、どれくらいの生徒が部活動に加入しているのか、その割合。学校全体の加入率のことだが、なかには学年ごとの加入率を示す学校もある。

■部活動推進指定校

東京都立高校のなかで、部活動をより盛んにし、特色ある学校作りを進めていく高校として指定されている学校。地域や他校との連携、外部指導員の活用、用具・器具の充実が図られる。

■プログレス

各地にキリスト教系の学校を設立したイエズス会の宣教師であったフリン牧師が編纂した英語のテキスト『PROGRESS IN ENGLISH』㈱エデック発刊）。現在多くの私立高校で採用されている。

■文化・スポーツ等特別推薦

文化やスポーツなどで優れた能力を持つ生徒を対象とした特別推薦制度。志願者は特別推薦を実施する学校の種目等から1種目を指定し出願する。各校は自校の教育活動の実績や特色などに基づいて基準を定め、面接、実技検査等で総合的に合否判断する。

■分割募集

あらかじめ募集人数を前期と後期の2回に分けて選抜を行う制度で、東京都立高校では、分割前期募集は第一次募集と同じ日程、分割後期募集は第二次募集と同じ日程で行われる。分割後期募集の募集数は全体の2割程度として各校が定める。

■併願

受験日の異なる2校以上の高校に

出願すること。第2志望以降の学校を併願校と呼ぶ。現在の首都圏高校受験では、1人2～3校の併願が平均的。

■併願優遇制度

私立高校の一般入試で、おもに公立高校を第1志望とし、公立高校が不合格の場合、その私立高校へ入学するという条件で受験する制度。高校側が提示する条件（内申基準）をクリアしていれば合格率は高くなる。

■偏差値

学力のレベルが一定の集団のなかでどのくらいなのかを割り出した数値。絶対的なものではなく、あくまでも目安の1つ。自分は同学年の受験者全体のなかで、どのくらいの学力位置にあるのか、また、その学校へ合格するためにはどのくらいの学力レベルが必要なのかを知ることができる。普通、25～75の数値で示される。

■ボーダーライン

合格者の最低点が総得点の何％になるかを計算したもの。入試でどのくらいの得点を取れば合格可能なラインに達するのかを知る目安になる。ただし、受験者の学力レベル、入試問題の難易などにより毎年変化するので、過去問を解く際には、その入試年のボーダーを確認すること。

■募集要項

各校が発行する「生徒募集に必要な事項」を記載したもの。募集人員、出願期間や試験日、試験科目、受験料、合格発表日、入学手続き、その費用などの情報が記されている。

■マークシート方式

志願者が多い高校では、採点時間短縮のため、入試の答案をコンピュータ処理している。そのため、解答を文章記述するのではなく、選択肢のなかから正しいものを選び、その番号をマークシートに塗りつぶす方式。また、採点ミスの防止のため、東京都立高校が島しょを除き、学力検査で採用している。

■面接

面接は受験生の日常や性格などのほか、当該校の校風や教育方針を理解しているか、また、入学への意欲などを知るために行われる。学校によっては面接をかなり重視する。面接形態は受験生のみや、保護者のみ、保護者と受験生などのタイプがある。面接の方法も、個人面接、グループ面接などがある。

■模擬試験

模擬試験機関が行っている「高校入試」に模した試験。試験を受ける人数が多いほど結果の信頼性が高い。結果は偏差値という数値で示される。受験生の偏差値と学校の偏差値を見比べることで、合格可能性を探ることができる。

■リスニングテスト

おもに英語の入試で実施される。首都圏の国立校・私立校でリスニングテストを導入しているおもな高校は、**東京学芸大附属・青山学院・慶應女子・日本女子大附属・開成・早稲田実業**など。

千葉県公立高校入試でも実施されている。また、その千葉公立入試では、国語の聞き取り検査が実施されている。

■類題

出題意図、解法手順などが似た問題。理科、数学でとくに不得手な問題がある場合、類題で演習することには大きな効果がある。

5月号の答えと解説

問題 立体パズル

下は立方体の展開図です。これを組み立てて、３つの面が見えるように置いたとき、ありえないのは下のア～エのうちのどれですか？

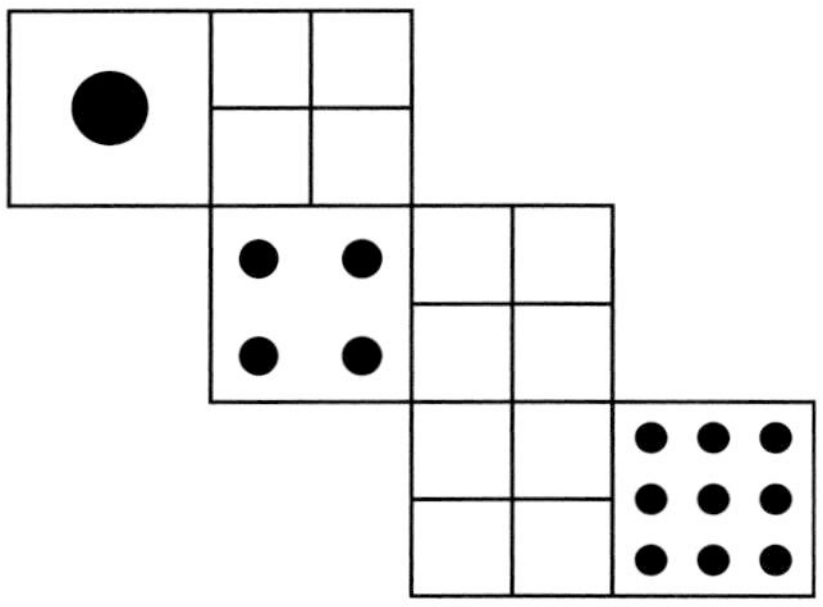

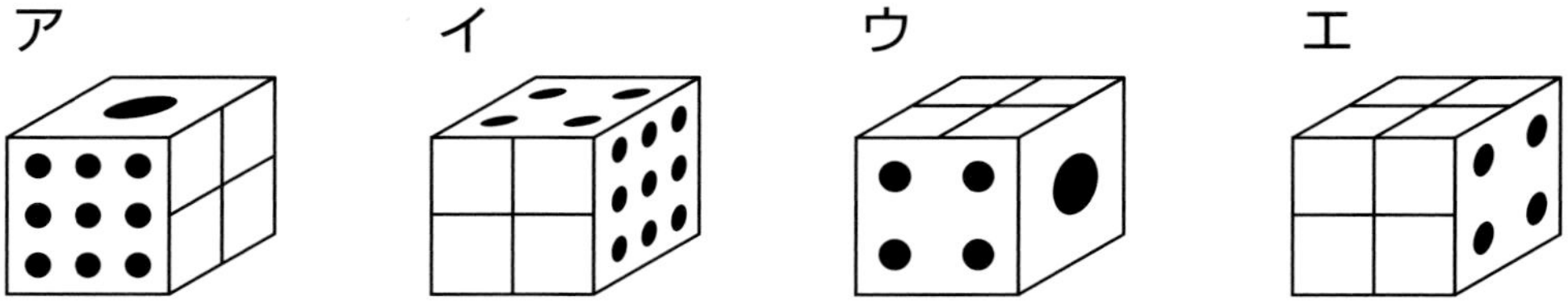

解答 イ

解説

図１の展開図を組み立てると、矢印で示した辺同士が重なるので、図２のようになります。すると、図１の面CDEL（⚃）と面JGHI（⋮⋮⋮）は向かいあうことがわかりますから、「イ」のような見え方はありえません。

図２で、⋮⋮⋮を正面に、⚀の面を上にくるように置くと、面EFGJが右側面にきて「ア」のように見えます。

また、⚃を正面に、⚀の面を右側面にくるように置くと、面EFGJが上面にきて「ウ」のように見えます。さらに、⚃を右側面に、⚀の面を下面か、正面と反対側にくるように置くと、「エ」のように見えます。

【図1】

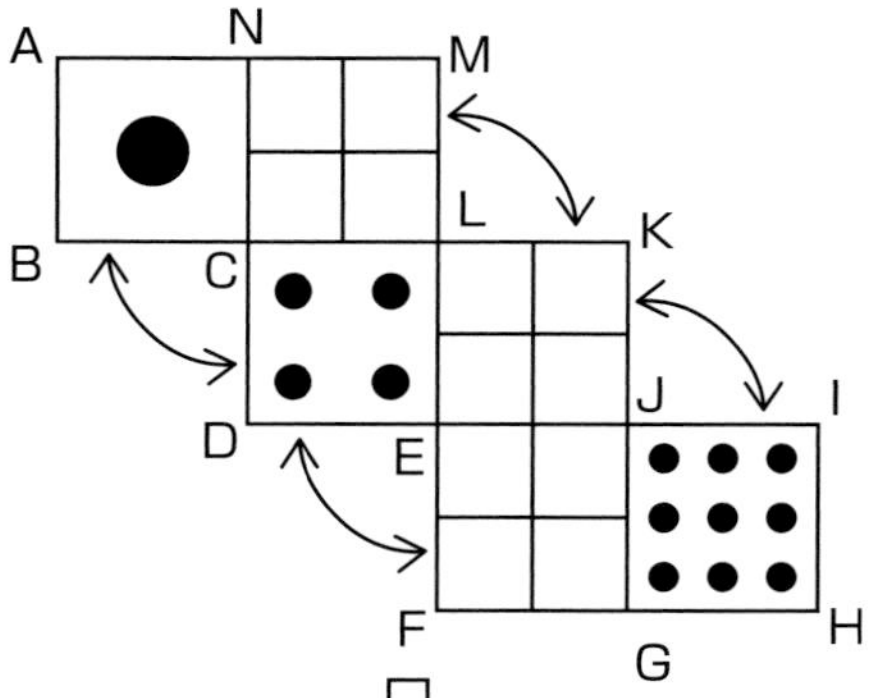

【図2】

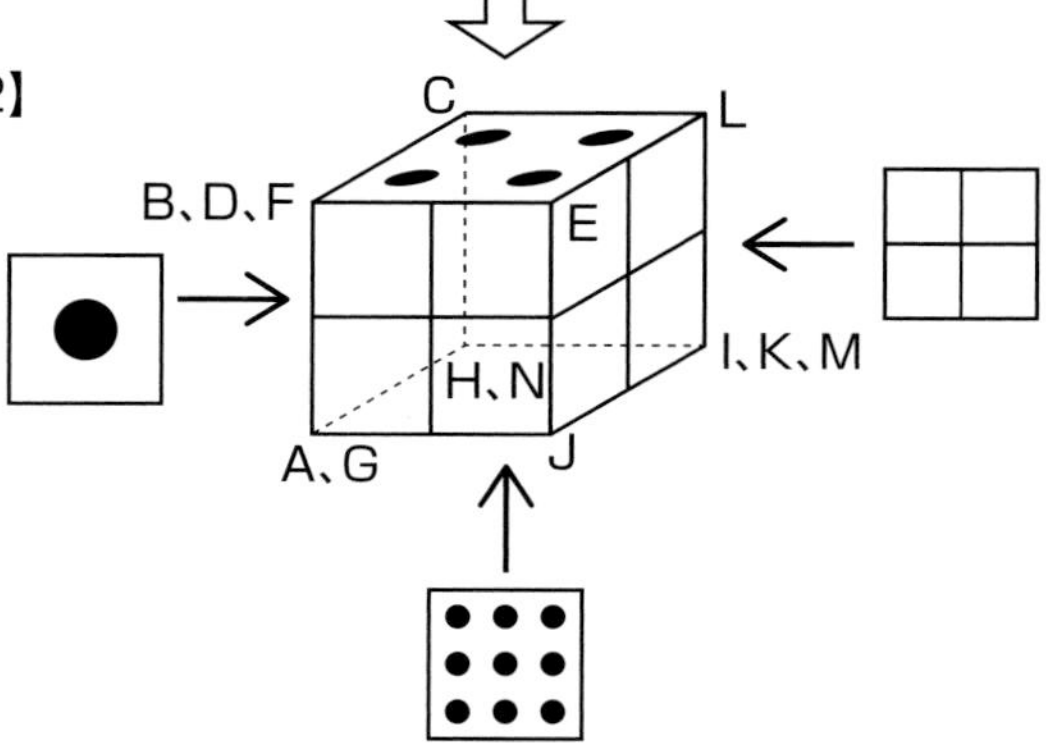

中学生のための

学習パズル

今月号の問題

Q ワードサーチ（単語探し）

リストにある英単語を、下の枠のなかから探し出すパズルです。単語は、例のようにタテ・ヨコ・ナナメの方向に一直線にたどってください。下から上、右から左へと読む場合もあります。また、１つの文字が２回以上使われていることもあります。パズルを楽しみながら、「天体」に関する単語を覚えましょう。

最後に、リストのなかにあって、枠のなかにない単語が１つだけありますので、それを答えてください。

J	O	Y	R	U	C	R	E	M	A	G	B
A	X	S	O	M	E	V	E	N	T	O	E
P	F	R	O	T	A	T	I	O	N	H	P
T	L	U	I	S	E	Z	Y	M	T	V	O
I	Y	P	M	O	O	N	X	R	A	R	C
C	U	E	R	L	P	G	A	J	W	I	S
J	O	B	S	A	T	E	L	L	I	T	E
Q	D	M	A	R	S	Q	A	K	P	H	L
S	E	K	E	S	E	L	G	S	E	N	E
T	U	N	Y	T	I	V	A	R	G	B	T
A	O	N	F	M	Z	X	I	U	W	I	C
R	D	P	O	C	T	J	O	N	H	E	O
T	A	U	E	B	I	S	A	T	U	R	N

【リスト】

comet（彗《すい》星）	Mercury（水星）	Saturn（土星）
earth（地球）【例】	meteor（隕石）	solar（太陽の）
galaxy（銀河）	moon（月）	star（星）
gravity（重力）	planet（惑星）	telescope（望遠鏡）
Jupiter（木星）	rotation（自転）	universe（宇宙）
Mars（火星）	satellite（衛星）	Venus（金星）

応募方法

左のQRコードからご応募ください。

◎正解者のなかから抽選で３名の方に図書カードをプレゼントいたします。

◎当選者の発表は本誌2016年9月号誌上の予定です。

◎応募締切日 2016年7月15日

5月号学習パズル当選者

全正解者59名

稲吉　歩弥さん（中３・埼玉県川口市）

横溝　大知さん（中２・東京都大田区）

松野　史奈さん（中１・埼玉県越谷市）

に挑戦!!

玉《たま》川《がわ》聖《せい》学《がく》院《いん》高等部

問題

次の故事成語1～3の読みをすべてひらがなで書きなさい。また、その意味として最もふさわしいものを、それぞれ後の語群ア～カから選び、記号で答えなさい。

1 推敲　2 杞憂　3 画竜点睛

ア 苦労して学問に励んだ成果。

イ 最後に加える肝心な仕上げ。

ウ 他人の誤った言行でも、それを参考にすれば自分をみがく助けになるということ。

エ 取り越し苦労をすること。

オ 二者が争っているすきに、第三者が労せずに利益をさらうこと。

カ 詩や文を作るのに、字句を何度も練り直すこと。

解答　1 読み：すいこう、意味：カ　2 読み：きゆう、意味：エ　3 読み：がりょうてんせい、意味：イ

■ 東京都世田谷区奥沢7-11-22

■ 東急大井町線「九品仏駅」徒歩3分、東急東横線・東急大井町線「自由が丘駅」徒歩6分

■ 03-3702-4141

■ http://www.tamasei.ed.jp/

学校説明会　要予約

7月16日（土）　8月27日（土）
10月15日（土）　11月23日（水祝）
12月10日（土）

音楽会

6月23日（木）横浜みなとみらいホール

学院祭

9月17日（土）　9月19日（月祝）

武《む》蔵《さし》野《の》女《じょ》子《し》学《がく》院《いん》高等学校

問題　次の家具在庫一掃セールのチラシを見て、問いに答えなさい。

MJ Furniture Clearance Sale!!

Everything must go!

Tables ● Chairs ● Desks ● Beds … and MORE!!

Saturday 26 Feb　10 a.m. ～ 4 p.m.　　Sunday 27 Feb　11 a.m. ～ 4 p.m.

＊ We have all kinds of furniture from all over the world, especially from France, Norway, Australia and Indonesia!
＊ Bring your membership card and get free coffee!
＊ Bring the MJ coupon for a larger discount.
＊ All furniture will be 50 % off from 2 p.m. to 3 p.m. only on Sunday!!
＊ If you buy more than 3 items, you can get a ticket for a free meal at a Tokyo hotel restaurant.
＊ Call 0012 969 787 for more information.

MJ Furniture
1234 West road, West-Tokyo, Tokyo
0012 969 787

問 次の選択肢から正しいものを選び、記号で答えなさい。

1. MJ furniture is in ______.
(a) Japan　(b) France　(c) Indonesia　(d) Australia

2. How can you get more information about this furniture sale?
(a) Look in the newspaper.　(b) Look in your letterbox.　(c) Use the Internet.
(d) Call MJ furniture.

3. The MJ coupon gives you ______.
(a) 50% off all the furniture　(b) a larger discount　(c) a special membership card　(d) free coffee

解答　1.a　2.d　3.b

■ 東京都西東京市新町1-1-20

■ 西武新宿線「田無駅」徒歩15分またはバス、JR中央・総武線・地下鉄東西線「三鷹駅」、JR中央線・西武多摩川線「武蔵境駅」、西武池袋線「ひばりヶ丘駅」、JR中央線ほか「吉祥寺駅」バス

■ 042-468-3256

■ http://www.mj-net.ed.jp/

国際交流コース学校説明会

7月16日（土）　14：00～16：00
10月15日（土）　10：00～12：00

MJ学校説明会

すべて14：00～16：00
10月22日（土）　11月5日（土）
11月19日（土）　12月3日（土）

MJ高校生との交流会

6月25日（土）　14：00～16：00

私立高校の入試問題

春《かす》日《か》部《べ》共《きょう》栄《えい》高等学校

■ 埼玉県春日部市上大増新田213
■ 東武野田線・伊勢崎線「春日部駅」スクールバス
■ 048-737-7611
■ http://www.k-kyoei.ed.jp/

学校説明会
すべて10：00〜11：30
7月9日（土）　9月10日（土）
9月24日（土）

入試説明会
両日とも10：00〜11：30
10月16日（日）　11月12日（土）

個別相談会　要予約
すべて9：00〜12：00／13：00〜15：00
10月23日（日）　10月30日（日）
11月20日（日）　11月26日（土）
11月27日（日）　12月10日（土）
12月18日（日）

問題

次の問いにおいて、①〜⑥の語（句）を日本語の意味を表すように並べかえて文を完成しなさい。解答は１〜６に入るものの番号のみを答えなさい。

問１　母は私に夜遅くに外出してはいけないと言いました。

My mother ____ 1 ____ ____ 2 ____ night.

① late　② me　③ go out　④ not to　⑤ at　⑥ told

問２　私はジュンが選んだ答えが正しいと思います。

I ____ 3 ____ ____ 4 ____ .

① correct　② is　③ think　④ Jun　⑤ the answer　⑥ chose

問３　中国の人口は日本の人口よりもずっと多い。

The population of China ____ 5 ____ ____ 6 ____ Japan.

① that　② is　③ much　④ than　⑤ larger　⑥ of

解答　問1　1.②　2.①　問2　3.⑤　4.②　問3　5.③　6.①

國《こく》學《がく》院《いん》大《だい》學《がく》久《く》我《が》山《やま》高等学校

■ 東京都杉並区久我山1-9-1
■ 京王井の頭線「久我山駅」徒歩12分、京王線「千歳烏山駅」バス
■ 03-3334-1151
■ http://www.kugayama-h.ed.jp/

夏休みミニ説明会　要予約
すべて13：00〜14：00
7月23日（土）　8月6日（土）
8月19日（金）

学校説明会　要予約
両日とも男子10：00〜11：30、女子10：30〜12：00
10月1日（土）　11月5日（土）

体育祭
6月28日（火）

久我山祭（文化祭）
9月24日（土）　9月25日（日）

問題

図のように，放物線 $y = x^2$ のグラフ上に点A（a，a^2）をとる。ただし，$a > 0$ とする。また，この放物線上の点B（－1，1）を通り直線OAに平行な直線 ℓ と，点Aを通り直線OBに平行な直線 m をひく。直線 ℓ と直線 m の交点をC，放物線と直線 m の点A以外の交点をD，直線 m と x 軸との交点をEとする。次の問いに答えなさい。

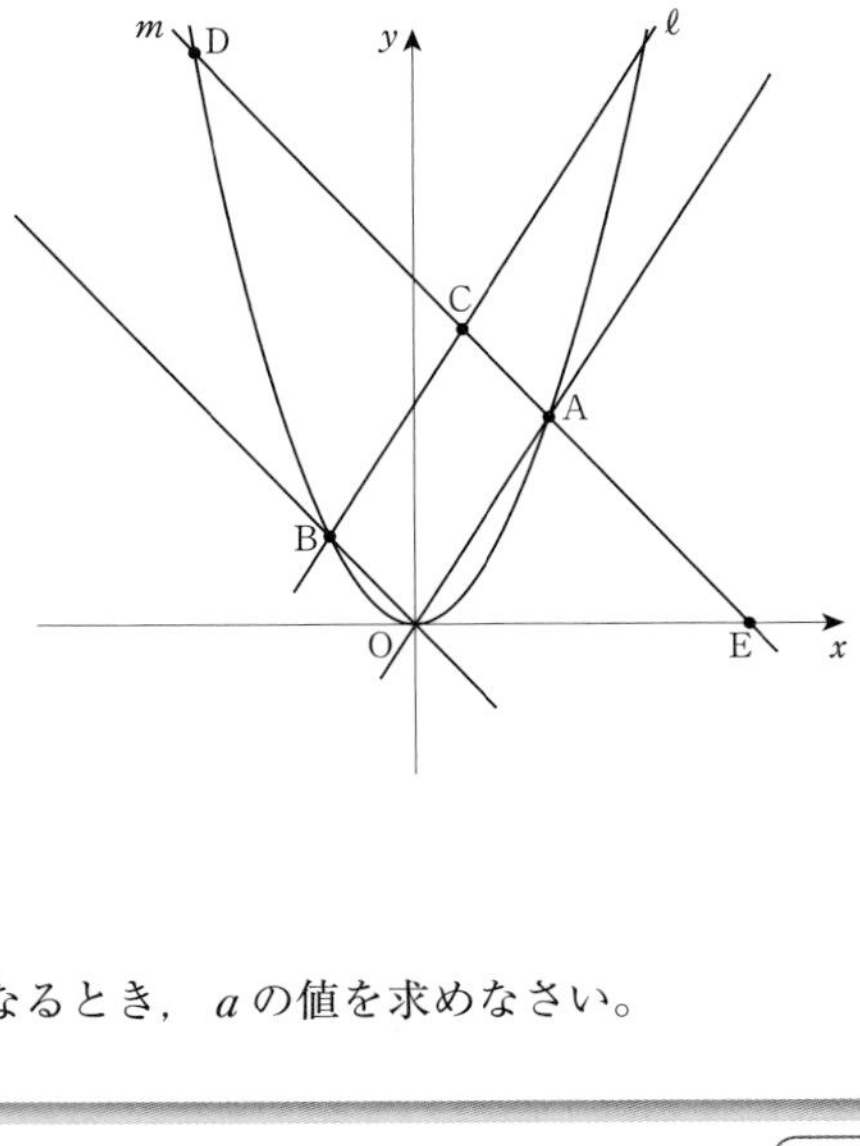

(1)　$a = 2$ のとき，直線 ℓ の式と点Cの座標を求めなさい。

(2)　直線 m の式を a を用いて表しなさい。

(3)　点Cの座標を a を用いて表しなさい。

(4)　△BDEの面積が△OABの面積の16倍となるとき，a の値を求めなさい。

解答　(1) 直線 ℓ の式：$y = 2x + 3$、C（1，5）　(2) $y = -x + a^2 + a$　(3) C（$a - 1$，$a^2 + 1$）　(4) $a = 3$

Letter section

みんなの
お便りコーナー

サクセス広場

テーマ 勉強のコツ【数学】

まずとにかく基本となる**計算を完璧**にした方がいいと思います。
（中２・メッシ大好きさん）

『博士の愛した数式』という小説を読んでから、数学っておもしろいんだと思うようになって、勉強も楽しくなりました。まずは楽しく勉強するのがコツだと思います！
（中３・ルートさん）

間違えた問題を書いたノートを作って、**１カ月後ごとに解き直す**。次の日に復習しても答えを丸覚えしちゃってることがあるけど、１カ月後だとほどよく忘れててちょうどいい！
（中３・K.O.さん）

とにかく問題をこなす！　数をこなせば、似たような問題にあたったとき、パッと解き方が浮かびます。
（中２・T.O.さん）

わからないことはすぐにほかの人に聞く。先生よりも数学が得意な子に聞くのがいい。みんな結構楽しそうに教えてくれますよ。
（中２・数学つまづいたままさん）

夕食前に問題集を１ページやるようにしてます。ご飯を早く食べたくて集中して勉強するので、いい方法かも？
（中２・るまーんさん）

テーマ 雨の日の楽しみ

雨の日は、ただただ**眠ります**。散々寝たら勉強を始めます！
（中１・K.H.さん）

部屋のなかにて、雨が降ったとき恒例の、家族で**レインコートのファッションショー!!**
（中３・ユニョンさん）

雨が降ると**わざと濡れて感傷にひたります**。別に悲しいことなんてないんですが、たまには悲劇のヒロイン気分になってみたいななんて。服を濡らすと母に怒られるのが難点です。
（中１・濡れガッパさん）

それはもう、**部活動が休みになること**です。毎日練習がキツイので、友だちとダラダラしゃべりながら帰れるのが最高！
（中２・モンゴリアンチョップさん）

水たまりのなかに**長靴**を履いてバシャバシャ入っていくこと。すごくストレス解消になる。
（中３・こう見えて疲れてんすよさん）

この前ひとめぼれして買った**傘**を使うのが楽しみ！　虹色の傘なので雨の日でも明るくハッピーな気持ちになれそう！
（中２・レインボウさん）

テーマ 好きな給食メニュー

やっぱり**カレー**。辛くないけどあれがいい！
（中１・給食カレー愛好家さん）

ひな祭りとかクリスマスとかのイベントで出る**デザート**。いつもおかわりじゃんけんで真剣になります。
（中３・スイーツ愛さん）

小学生のとき、たまに出た**小魚を乾燥させたもの**が好きだった。ほかの人にももらって４袋ぐらい毎回食べてたなあ。
（中２・魚大好きさん）

ビーフストロガノフ！　家で食べたことなくて、給食で初めて食べたけどかなりおいしかった！　ご飯にかけて食べるとさらに美味！
（中２・ガノンさん）

きなこ揚げパン。給食で食べてからきなこが大好きになって、あまりに好きすぎてあだ名も「きな子」です。
（中２・きな子さん）

必須記入事項

A／テーマ、その理由　B／郵便番号・住所
C／氏名　D／学年　E／ご意見、ご感想など

右のQRコードからケータイ・スマホでどしどしお寄せください！
住所・氏名は正しく書いてください!!
ペンネームは氏名のうしろに(　)で書いてネ！
【例】サク山太郎（サクちゃん）

Present!!
掲載された方には抽選で
図書カードをお届けします！

募集中のテーマ

「２学期の抱負」
「勉強のコツ【社会】」
「家族の尊敬できるところ」

応募〆切 2016年7月15日

ここから応募してね！

ケータイ・スマホから上のQRコードを読み取って応募してください。

掲載にあたり一部文章を整理することもございます。個人情報については、図書カードのお届けにのみ使用し、その他の目的では使用いたしません。

世間で注目のイベントを紹介

!サクセス イベントスケジュール!

6月～7月

ハス

ハスの花は7・8月が見ごろ。泥水のなかから生まれ、きれいな花を咲かせることから、ヒンドゥー教や仏教などでは清らかさの象徴とされているんだ。花を見たいのなら、早起きが必須。ハスの花は早朝から咲き始め、お昼ごろには閉じてしまうからだ。

1

2

3

4

5

6

1 妖怪展の決定版！

大妖怪展
土偶から妖怪ウォッチまで
7月5日（火）～8月28日（日）
東京都江戸東京博物館

ちょっと怖い、だけど興味深い展覧会がこちら。日本人が古来から感じてきた異界への恐怖や身近なものを慈《いつく》しむ心は、妖怪の姿をとって造形化されてきた。そのことを、絵巻物や浮世絵などさまざまな美術品を通して紹介し、縄文から現代にいたるまでの妖怪の流れを体感できる内容だ。まさに美術史学からみた妖怪展の決定版といえる（P5組10名）。

2 忍者×科学×修行

企画展「The NINJA －忍者ってナンジャ!?－」
7月2日（土）～10月10日（月祝）
日本科学未来館

映画やアニメなどでおなじみの忍者。しかし、実在した忍者についてはまだ謎が多いんだ。この展覧会では、三重大学の協力を得て、近年の研究により明らかになりつつある忍者の実際に、現代科学の視点から迫る内容だ。手裏剣打ちなどの修行体験、忍者の記憶術や伝達術、呼吸法などを紹介。忍者の秘密を楽しみながら学んでみよう（P5組10名）。

3 「母子像の画家」カサット

メアリー・カサット展
6月25日（土）～9月11日（日）
横浜美術館

印象派を代表するアメリカ人女性画家、メアリー・カサットの展覧会が開催される。やわらかな明るい色彩と軽やかな筆致《ひっち》で女性たちの日常を瑞々《みずみず》しく描いた作風で知られ、なかでも女性画家ならではの温もりにあふれた母子像は人気が高く、この展覧会でも多数紹介している。日本での回顧展はなんと35年ぶりというから楽しみだね（P5組10名）。

4 ルーヴル美術館と漫画

ルーヴル美術館特別展
ルーヴル No.9
～漫画、9番目の芸術～
7月22日（金）～9月25日（日）
森アーツセンターギャラリー

美術の殿堂と呼ばれるフランスのルーヴル美術館で立ちあげられた「ルーヴル美術館BDプロジェクト」は、漫画という表現方法でルーヴル美術館の魅力を伝える前代未聞の企画だ。その成果が今回、展覧会の形で開催される。荒木飛呂彦や谷口ジローなど、日本の漫画家を含むフランス内外の著明な漫画家の作品が見られる貴重な機会だ（P5組10名）。

5 ホホジロザメに遭遇！

海のハンター展
― 恵み豊かな地球の未来 ―
7月8日（金）～10月2日（日）
国立科学博物館

「海のハンター」と聞くと、どんな生物を思い浮かべるかな？　サメ、シャチ、それとも…？　国立科学博物館では、「補食」を切り口に、海洋生物の顎や歯に注目し、その多様な狩りの方法を紹介。一番の注目は日本初公開のホホジロザメ成魚の全身液浸標本。3.2mの巨体を目の当たりにすれば、私たちを取り巻く海の雄大さにも気づかされるはず。

6 世界の鉄道模型が集合

世界鉄道博2016
7月16日（土）～9月11日（日）
パシフィコ横浜 展示ホールA

「世界鉄道博2016」は、鉄道ファンはもちろん、そうでない人も楽しめる夢の鉄道ワールドだ。鉄道模型製作・収集家として著名な原信太郎氏のコレクションによる貴重な世界の鉄道模型約1000車両の展示や、幅約30m、奥行き約10m、走行距離約650mの超巨大鉄道レイアウトなど、魅力的な鉄道模型の世界が広がっている（P5組10名）。

1 月岡芳年「百器夜行」大判錦絵二枚続　慶応元年（1865）国際日本文化研究センター蔵※前期（7月5日～31日）展示　3《母の愛撫》1896年頃 油彩、カンヴァス 38.1×54.0cm フィラデルフィア美術館蔵 Courtesy of the Philadelphia Museum of Art, Bequest of Aaron E. Carpenter, 1970　4 松本大洋／「ルーヴルの猫」／ビッグコミックオリジナル　5「ホホジロザメ（所蔵：国立科学博物館）」

招待券プレゼント! Pマークのある展覧会・イベントの招待券をプレゼントします。69ページ「学習パズル」にあるQRコードからご応募ください。（応募締切2016年7月15日）。当選の発表は賞品の発送をもってかえさせていただきます。

Success15 Back Number

サクセス15 バックナンバー好評発売中！

2016 6月号

高校入試にチャレンジ！
記述問題特集

頭を柔らかくして解いてみよう

SCHOOL EXPRESS お茶の水女子大学附属
FOCUS ON 神奈川県立希望ケ丘

2016 5月号

難関校合格者に聞く
ぼくの私の合格体験談

今日から始める
7つの暗記法

SCHOOL EXPRESS
埼玉県立浦和第一女子
FOCUS ON
東京都立国際

2016 4月号

大学で国際教養を
身につけよう

読むと前向きに
なれる本

SCHOOL EXPRESS
開成
FOCUS ON
神奈川県立多摩

2016 3月号

読めばバッチリ
高校入試の案内板

2015年を振り返る
ニュースの時間

SCHOOL EXPRESS
慶應義塾高
FOCUS ON
神奈川県立光陵

2016 2月号

いよいよ本番！
高校入試総まとめ

中学生のための
検定ガイド

SCHOOL EXPRESS
千葉県立東葛飾
FOCUS ON
中央大学附属

2016 1月号

過去問演習で
ラストスパート

サクラサク
合格必勝アイテム

SCHOOL EXPRESS
東京都立日比谷
FOCUS ON
法政大学高

2015 12月号

世界にはばたけ！
SGH大特集

苦手でも大丈夫!!
国・数・英の楽しみ方

SCHOOL EXPRESS
埼玉県立浦和
FOCUS ON
中央大学高

2015 11月号

高校受験
あと100日の過ごし方

サクセス編集部セレクション
シャーペン・ザ・ベスト10

SCHOOL EXPRESS
東京都立国立
FOCUS ON
國學院大學久我山

2015 10月号

社会と理科の
分野別勉強法

図書館で、本の世界を旅しよう！

SCHOOL EXPRESS 東京都立戸山
FOCUS ON 明治大学付属中野

2015 9月号

どんな部があるのかな？
高校の文化部紹介

集中力が高まる8つの方法

SCHOOL EXPRESS 神奈川県立横浜翠嵐
FOCUS ON 中央大学杉並

2015 8月号

夏休み
レベルアップガイド

作ってみよう！　夏バテを防ぐ料理

SCHOOL EXPRESS 早稲田大学本庄高等学院
FOCUS ON 法政大学第二

2015 7月号

参加しよう
学校説明会etc

中学生のための手帳活用術

SCHOOL EXPRESS 東京都立西
FOCUS ON 青山学院高等部

2015 6月号

キミもチャレンジしてみよう
高校入試数学問題特集

一度は行ってみたい！世界&日本の世界遺産

SCHOOL EXPRESS 慶應義塾志木
FOCUS ON 公立高校 東京都立富士

2015 5月号

先輩教えて！
合格をつかむための13の質問

数学っておもしろい！　数の不思議

SCHOOL EXPRESS 早稲田大学高等学院
FOCUS ON 公立高校 神奈川県立湘南

2015 4月号

国立・公立・私立
徹底比較2015

東大生オススメブックレビュー

SCHOOL EXPRESS 早稲田実業学校高等部
FOCUS ON 公立高校 神奈川県立横浜緑ケ丘

2015 3月号

もっと知りたい！
高大連携教育

宇宙について学べる施設

SCHOOL EXPRESS 国際基督教大学高
FOCUS ON 公立高校 茨城県立土浦第一

これより前のバックナンバーはホームページでご覧いただけます（http://success.waseda-ac.net/）

How to order
バックナンバーのお求めは

バックナンバーのご注文は電話・FAX・ホームページにてお受けしております。詳しくは80ページの「information」をご覧ください。

"個別指導"だからできること × "早稲アカ"だからできること

- 難関校にも対応できる
- 弱点科目を集中的に学習できる
- 最終授業が20時から受けられる
- 早稲アカのカリキュラムで学習できる

広がる早稲田アカデミー個別指導ネットワーク

□…個別進学館
■…マイスタ

大宮
川越
戸田公園
志木
北浦和
南浦和
所沢
練馬
蕨
池袋西口
池袋東口
平和台
石神井公園
荻窪
巣鴨
立川
武蔵境　吉祥寺
西日暮里
新宿
渋谷
国分寺
御茶ノ水
三軒茶屋
木場
府中
町田
大森
月島
新百合ヶ丘
たまプラーザ
武蔵小杉
池尻大橋
池上
横浜
高輪台
つくば
市川
船橋
津田沼
新浦安
千葉

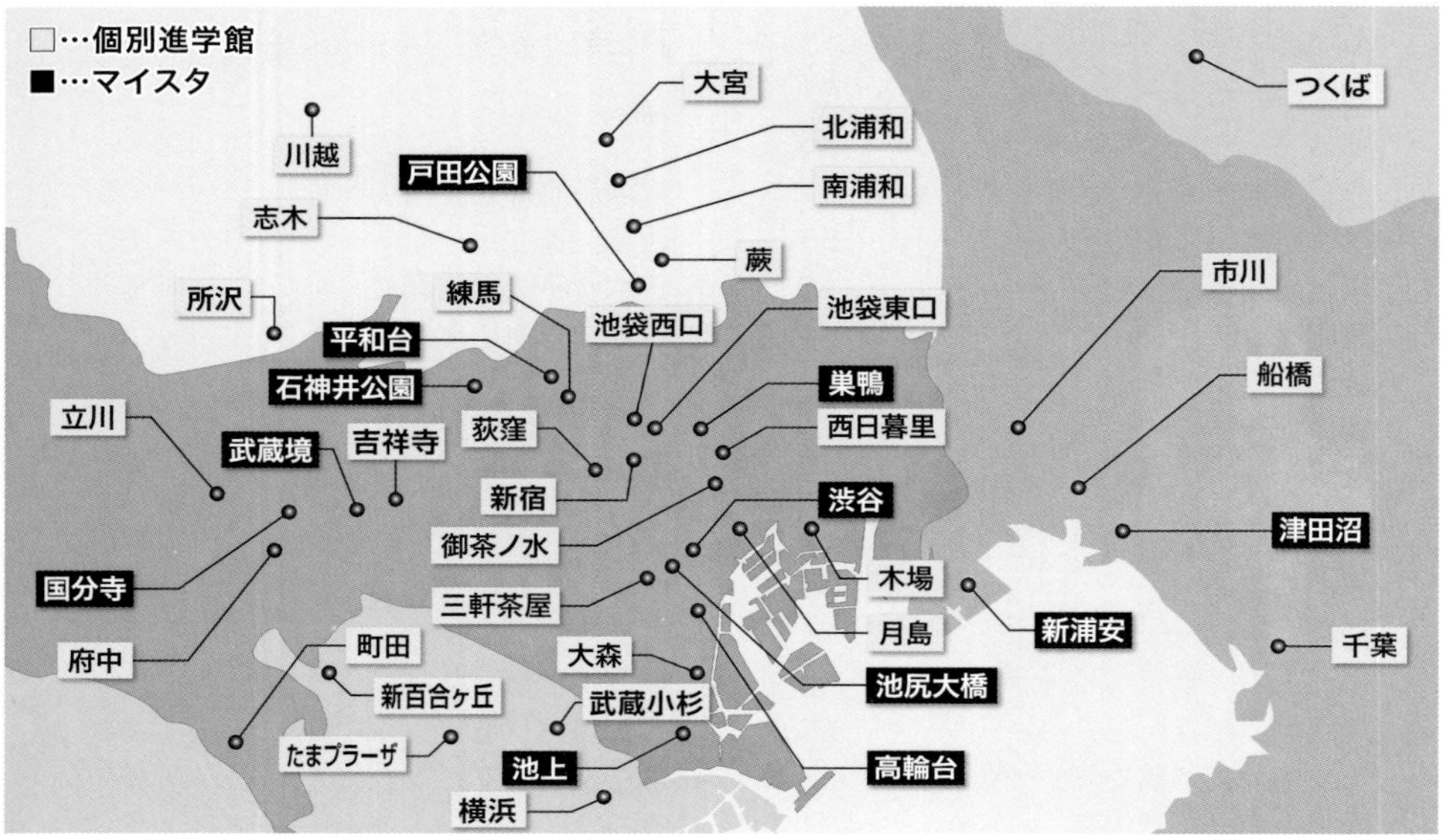

マイスタは2001年に池尻大橋教室・戸田公園教室の2校でスタートし、個別進学館は2010年の志木校の1校でスタートした、早稲田アカデミーの個別指導ブランドです。お子様の状況に応じて受講時間・受講科目が選べます。また、早稲田アカデミーの個別指導なので、集団授業と同内容を個別指導で受講することができます。マイスタは1授業80分で1：1または1：2の指導形式です。個別進学館は1授業90分で指導形式は1：2となっています。カリキュラムなどはお子様の学習状況、志望校などにより異なってきます。お気軽にお近くの教室・校舎にお問い合わせください。

悩んでいます… 中1

近くの早稲アカに通いたいのに部活動が忙しくてどうしても曜日が合いません。

解決します！

週1日からでも、英語・数学を中心に、早稲アカのカリキュラムに完全に準拠した形での学習が可能です。早稲アカに通う中1生と同じテストも受験できるので、成績の動向を正確に把握したり、競争意識を高められるのも大きな魅力です。

悩んでいます… 中2

都立高校を志望しています。内申点を上げたいので、定期テスト対策を重点的にやって欲しい。

解決します！

個別指導では学校の教科書に準拠した学習指導も可能です。授業すべてを学校対策にすることもできますし、普段は受験用のカリキュラムで学習をすすめ、テスト前だけは学校の対策という柔軟な対応も可能です。

悩んでいます… 中3

中2範囲の一次関数がとても苦手です。自分でやろうとしても分からないことだらけで…。

解決します！

個別指導では範囲を絞った学習も可能です。一次関数だけ、平方根だけなど、苦手な部分を集中的に学習することで理解を深めることができます。『説明を聞く→自分で解く』この繰り返しで、分かるをできるにかえていきます。

～サクセス18のご紹介～

サクセス18は早稲田アカデミーが創った現役生難関大学受験専門塾です。

への現役合格を目指せる

合格の秘訣は一橋必勝の質の高い授業と添削指導でした。

牛山 翔平（私立明大明治高校）

一橋大学
［商学部］合格

夢の夢だった大学に通えて嬉しい。感謝でいっぱいです。

小野 遥香（都立調布南高校）

早稲田大学
［文化構想学部］合格

F.I.T.で勉強する習慣が自然と身につきました。

高林 健太（私立巣鴨高校）

慶應義塾大学
［経済学部］合格

一人ひとり見てくれるので、とても心強かったです。

磯野 瑞果（私立明治学院高校）

上智大学
［外国語学部］合格

京大・一橋 13名	東工大 12名	国立大医学部 11名（東京大学理科Ⅲ類1名含む）
中央 121名	法政 197名	東京理科大 116名

その他多数合格

●合格者数の集計について
合格者数は、早稲田アカデミーサクセス18・MYSTA、及び早稲田アカデミー個別進学館の平常授業または特別クラス、夏期・冬期東大合宿に在籍し、授業に参加した生徒のみを対象に集計しています。模試のみを受験した生徒は、一切含んでおりません。

池袋校	03-3986-7891	大泉学園校	03-5905-1911	調布校	042-482-0521	大宮校	048-641-4311
御茶ノ水校	03-5259-0361	荻窪校	03-3391-2011	たまプラーザ校	045-903-1811	所沢校	04-2926-2811
渋谷校	03-3406-6251	国分寺校	042-328-1941	新百合ヶ丘校	044-951-0511	志木校	048-476-4901

医歯薬専門予備校46年の伝統と実績

医学部完全合格98名!!

医歯薬大進学ガイダンス（第1回メディカルアカデミー）
医歯薬大入試の全てがわかる1日
6/12㊐ 13:00～17:00
高1～高卒 無料

体験授業 5/23㊊～28㊏ 高1～高3 無料

医学部専門個別指導 Medical 1 メディカル・ワン

早稲田アカデミー教育グループ
医歯薬専門予備校
野田クルゼ
〈御茶ノ水〉

資料請求・お問い合わせ・各種お申し込みはお気軽にこちらへ

現役校 Tel 03-3233-6911(代) Fax 03-3233-6922 受付時間 13:00～22:00

本校 Tel 03-3233-7311(代) Fax 03-3233-7312 受付時間 9:00～18:00

野田クルゼの最新情報はホームページでもご確認いただけます。 野田クルゼ 検索